企业开放度对商业模式创新的影响机制研究

王丽平　赵飞跃　等著

南開大學出版社
天　津

图书在版编目(CIP)数据

企业开放度对商业模式创新的影响机制研究 / 王丽平等著. —天津：南开大学出版社，2019.3
ISBN 978-7-310-05765-8

Ⅰ.①企… Ⅱ.①王… Ⅲ.①企业管理—商业模式—研究 Ⅳ.①F272

中国版本图书馆 CIP 数据核字(2019)第 033462 号

南开大学出版社出版发行
出版人:刘运峰
地址:天津市南开区卫津路 94 号　邮政编码:300071
营销部电话:(022)23508339　23500755
营销部传真:(022)23508542　邮购部电话:(022)23502200
*
北京虎彩文化传播有限公司印刷
全国各地新华书店经销
*
2019 年 3 月第 1 版　2019 年 3 月第 1 次印刷
240×170 毫米　16 开本　13 印张　188 千字
定价:42.00 元

如遇图书印装质量问题,请与本社营销部联系调换,电话:(022)23507125

前　言

众所周知，在全球化与信息化的大趋势下，企业开放度的研究对于商业模式的创新具有重要的推动作用。自从 2008 年底金融危机爆发后，我国的传统制造业陷入了人工成本上升、技术含量低下、同质竞争加剧的困境，多数行业的产能过剩，需求萎缩。整体而言，我国企业的创新发展步伐缓慢、效果不佳，相当数量的所谓“成果”不能很好地解决生产实际问题或者满足用户的实际需求，缺乏市场价值。《2030 年的中国：建设现代、和谐、有创造力的高收入社会》为中国未来的发展提出的六大战略方向之一就是加快开放型创新步伐。全球化、信息化以及产业蜕化日益加剧的趋势迫使企业需要以全新的视角来看待企业的经营。从商业模式概念的提出到现阶段方兴未艾的研究热潮，都预示着其重要的影响力。商业模式创新是企业竞争的顶层设计，涵盖了企业由整体和长远规划的战略到实施运营的功能安排。相信随着理论界研究的进一步深入，可以进一步推动我国传统企业的商业模式创新和战略的升级转型。

在商业模式创新的推动力中，企业开放度的研究最具活力，技术含量最高，是促进社会经济发展的主要驱动因素之一。目前，开放式创新不仅是中国科技创新生态环境的最大短板，更是“大众创新、万众创业”在资本以及创新层面实现闭环的最关键因素。专业领域的细化深化、技术的飞速发展和商业模式的多元化，使得企业不得不改变原有创新过程的机械式思维方式，将外部的和内部的技术有机地结合成一个系统，进行跨组织的创新“交互”，形成横向交集与纵向执行的有机结合。由此，一方面使企业能够通过技术许可，从外部获得企业需要的技术成果；另一方面可以激活在封闭的创新环境下可能被抛弃的某些技术，从而获益。

移动互联网的出现，使得企业与企业之间的协作效率大大提高，同时也使得信息的生产和传播效率大大提高，大数据、云计算、物联网、虚拟现实、3D（三维）打印等风起云涌，这些技术跟商业的结合也越来越紧密。隐性信息显性化改变了企业的研发流程、实时财务、智能制造等环节，对企业整体商业模式的影响都是颠覆性的。企业进行跨界学习、互动、连接，不断地打破和重构各种边界、壁垒、门槛、围墙。企业的内在积累通过资源进行控制，扩大了业务交易关系的边界，同时缩小了治理交易关系的边界。商业模式设计视角也从企业内部、合作伙伴不断扩展到商业生态，提升了利益相关者的生活、体验水平或者资源变现效率。

本书从企业的开放度、组织忘记以及组织关系三个方面对商业模式创新进行研究：开放式创新促进了资源的转移和扩散；组织之间相互学习能够辨识、吸收与转化外部资源，促进企业引进、吸收与转化外部创新资源，进而转化为内部价值创造能力；组织间的信任可以促进企业之间的持续互动，从而促进企业之间更长久的合作与发展，最终提高企业的绩效。在此基础上，本书构建了管理机制、激励机制、基于价值共创的创新机制、市场机制下的竞争和风险机制四个机制，从管理、激励、创新、市场四个方面促进企业商业模式的创新。管理机制建设，可完善企业组织结构与知识价值创造，并维持组织间的合作关系的持续性；激励机制的建设，将促进企业资源网络开发和科技成果转化，提升企业的竞争力；基于价值共创的创新机制建设，能扩大企业的外部交流范围，提高企业的创新能力，促进企业的商业模式创新；市场机制下的竞争和风险机制建设，将激发企业的活力与创造力，保障企业生态系统的良好运作，有利于实现企业目标。

本书在编写过程中，主要由王丽平负责总体框架设计和内容编写安排，王丽平负责第一章内容编写，研究生崔世仟负责第二章内容编写，研究生代赓负责第三章内容编写，研究生赵飞跃、王俊霞负责第四章内容编写，研究生赵飞跃、栾慧明负责第五章内容编写，赵飞跃、王丽平负责第六章内容编写，研究生赵飞跃、李菊香、李艳、张晗、褚文倩负责第七章内容编写。

目　录

第一章 绪 论

第一章绪论部分主要包括本书的研究背景、研究目的、研究意义、研究框架以及研究创新之处。

1.1 研究背景

1.1.1 商业模式的竞争风暴

随着创新复杂化趋势的出现，单个企业愈来愈难以拥有创新所需要的全部资源，同时创新的高风险和高成本也使单个企业愈来愈难以承受。因此，企业决策者需要走出依靠低价竞争的泥潭，打破传统创新模式，持续不断地发掘新的商业模式、激发有效的创意、改善客户体验、应用新技术、开发新产品和开拓新市场，为企业的可持续发展寻找新的方向；企业高管团队急需走出惯有的思维模式，挑战“正统”，设计全新的模式，来满足未被满足的、新的或潜在的客户需求；企业文化、领导方式、企业管理架构、绩效评价体系等亦需进行相应的转型。

正如德鲁克所说，当今企业之间的竞争已由产品之间的竞争转移到商业模式之间的竞争。国际商业机器公司（IBM）“全球首席执行官（CEO）调查”指出，未来市场充满不确定性，企业急需通过改变商业模式来颠覆自我，以应对外部环境的挑战。波利认为企业通过不断创新其商业模式可以保持持久的竞争优势；切萨布鲁夫的系列研究则验证了商业模式创新能够提高企业绩效；理查森认为商业模式创新是发明新的价值主张，以转换竞争规则，重新配置资源，提高绩效水平，并且指出不断发展新的商业模式是企业应对动荡复杂市场环境的有效途径。作为一种新的创新形态，商业模式创新已成为企业在互联网经济时代获取竞争优势的有效手段，企业急需通过创新商业模式来颠覆自我，以应对外部环境不断变化的挑战。

商业模式创新日益成为全球经济赖以生存的命脉，对任何行业的首席执行官来说都是战略重点。在当今密集创新的时代，革命性的创新思路或新技术固然拥有颠覆整个行业的巨大能量，能够催生出巨大的财富，但在“互联网+”的时代，一些渐进的商业模式创新渗透在公司的运作流程和运营理念中，也能获得明显效果：“为发烧而生”的小米借助另辟蹊径营销策略和商业模式迅速崛起，造就了从“中国制造”到“中国创造”的奇迹；海底捞通过持续不断的微创新实现卓越的客户体验，“捞”出无数“回头客”。商业模式创新不是通过走差异化产品路线、拓展营销渠道、打价格战等方式，或者参照竞争对手就能完成的，而是需要依靠对客户的深入理解，包括了解环境、日常事务、客户关心的焦点及愿望等，设计全新的机制，为公司、客户和社会创造新的价值。例如：苹果公司凭借苹果音乐播放器以及音乐管理器在线商店，创造了一个全新的商业模式，从而成为在线音乐市场的主导力量。网络电话公司基于点对点（P2P）技术上的创新商业模式，带来了相当廉价的全球通话以及网络电话客户端之间的免费通话。热布卡公司在付费会员制度下，通过提供计时或计天按需汽车租赁业务，把城市居民从自有汽车产权的模式中解放出来。商业模式创新要以当今的时代发展为背景，以传统创新模式为基础，充分了解创新面临的特殊机遇与管理挑战，牢牢把握行业发展和技术进化的发展先机，顺应国家创新政策趋势，以提升企业的创新影响力，维持创新生态系统价值共创的可持续性。

1.1.2 传统创新模式动力不足的现实

自中共中央提出增强自主创新能力、建设创新型国家战略以来，创新工作已有成效，但与中央的要求还有很大距离。根据国家科技部统计，全国规模以上企业开展科技活动的仅占 25%，研究开发支出占企业销售收入的比重仅为 0.56%，只有 3‰的企业拥有自主知识产权。创新动力不足已成为制约企业自主创新的核心问题。其原因主要是：缺乏创新热情，对传统经济增长方式和原有企业发展模式的依赖过强，仅注重客户眼前的需求而忽视当下被主流客户拒绝的关键的、突破性技术，进而与这些未来主导新市场的“颠覆性创新”失之交臂。

传统创新模式通常是技术产品创新、营销渠道创新、价格品牌创新等，通过走差异化产品路线、拓展营销渠道、打价格战等方式与对手开展竞争。这种创新方式可以在一定程度上带来经济利益，但长远来看，难以为企业带来可持续的竞争优势。例如，企业通过投入大量研发资金进行产品创新，之后通过增大广告效应和拓宽销售渠道开发市场，可能会取得初步的盈利，而后市场上便会出现大量的复制者。顾客的需求又是永远变化着的，因此成本高、风险大的传统创新模式和思维已不再适应瞬息万变的全球信息化时代。开拓创新、扎实工作，全面提升各类创新主体的动力和能力，才能有助于推动企业在不断升级的竞争漩涡中转型升级。企业创新升级首先要突破产业发展过程中的关键核心技术和瓶颈问题，实现产品质量提升和产业链延伸，推动企业高端化发展；其次要加强各类创新主体的协同和融合，跟随市场的变化潮流，探索建立产学研深度融合的新型研发平台，落实全国科技创新大会“推动各类创新主体优势互补，合作共赢的要求”；最后要按照“需求上行、资源下行”的原则，构建“开放需求众包、创新创业大赛与种子天使众筹”三位一体的助推模式，发挥转移转化平台在需求推动、成果承接中的纽带作用，推进供给侧结构性改革。

1.1.3 企业内部创新现状

创新是企业的灵魂，是决定企业兴衰的重要因素。要创新就离不开最基本的知识和实践因素。有了丰富的专业知识和雄厚的实践经验，才能正确地判断一个企业过去和现在的状况，从而看清其发展的走向。找出市场需求是企业创新的根本，也是企业占据市场的一个制胜点；只有迎合市场需求，与周围的环境保持和谐，不断地推陈出新，企业才能成为行业创新的领跑者，而不是跟随者。互联网时代，企业之间的分工协作越来越便捷，市场的交易成本越来越低，伴随着行业发展和新技术的出现，营造一个创新的生态环境，寻找创新的业务和价值增长点是企业面临的非常现实和紧迫的问题。

为激活企业创新活力、推动企业创新转型、保持技术领先优势、开拓新盈利点，企业应开展内部创业模式创新，使得新创业项目和现有的渠道、资源和技术产生协同效应。从企业持续运行的角度来看，战略的形成能力、扁平化的组织结构以及人才的不断涌现是三个特别需要关注的问题。这三方面也是形成企业基业长青的基本土壤。目前，企业内部组织结构正发生着一种历史性转变。母公司、总公司与子公司、分公司或者事业部之类的层级体制逐渐发生变化，进而被由多个具有极强创新能力的、松散的小型组织所组成网状结构所替代。组织结构向网络化和扁平化的形态演进，公司的适应能力更强、反应更快，形成若干个微生态和创业圈。企业如果不给出内部创业的选项，人才就会流失，增加竞争对手，损失创新动力，因此，内部创业成为一种必然。为了保证创新业务能够顺利进行，需要做好科学管理和制度建设。将内部创业真正植入企业的治理体系内，形成长效机制，而不是短暂的运动式启动；设计科学的配套制度，将内部创业者的利益与母体企业利益捆绑，内部创业战略与本土企业文化有机结合，适应企业组织架构变革；构建包括解决分配问题在内的激励机制，释放更大的创新活力。

1.1.4 互联网+时代背景的驱动

2015 年 3 月，李克强总理在政府工作报告中提出“互联网+”行动的概念，推动互联网与传统制造行业的结合，倡导在新领域创造新常态的发展理念。以互联经济的快速发展为契机，企业之间的信息沟通交流更加频繁、企业之间共享信息、合作发展的途径也更加便捷畅通。这更加有利于企业之间形成合作创新网络。在网络经济时代，资源的获取与利用是商业模式创新的关键，企业若能善加运用外部创新要素，对降低创新风险，提高创新效率，建立竞争优势大有助益。

商业模式创新对于企业的可持续发展越来越重要，近年来学者也从不同角度对其进了研究：威廉斯坦通过研究证明了企业内部技术水平的提高可以推动企业进行商业模式创新；肖挺通过实证研究证明了企业高管团队异质性会影响企业的商业模式创新水平；沃尔佩尔则从技术水平、硬件设施和盈利模式三个方面细分企业内部要素对商业模式变革的影响。可以看出，现有文献对于如何促进商业模式创新多着重于从企业内部视角出发。然而随着创新复杂化趋势的出现与互联网经济的大规模发展，单个企业愈来愈难以拥有创新所需要的全部资源，企业的可持续发展必须依托于外部资源的有效获取与利用。因此仅从企业内部要素进行研究难以满足企业实践创新驱动发展的需求，探讨如何利用外部资源促进企业进行商业模式创新十分必要。切萨布鲁夫教授提出的开放式创新概念，为企业资源的获取提供了全新的视角。在开放式创新范式下，企业边界是模糊与可渗透的，企业可以通过与外部环境互动来获取创新资源，也可以通过将内部研发对外开放以获取多维支持，创新要素的输入与输出促进了企业间异质性与互补性资源的共享，促进了位于外部环境中的资源网络的形成。因此，在互联网经济大规模发展的背景下，基于开放式创新的视角，研究企业对外部资源的获取，对于促进企业进行商业模式创新具有重要作用。

1.1.5 开放式创新的政策驱动

2003 年切萨布鲁夫教授基于信息技术的变革，开创性地提出开放式创新概念。自此，有关开放式创新对企业发展的重要性及意义、开放式创新模式以及开放式创新的开展迅速成为学术界研究的热点话题。开放式创新的提出，为企业利用外部环境资源、提升创新能力开辟了新生动力源泉及方向指引。因为，开放式创新突出了外部环境的重要性，要求企业突破原有的管理思想，打破困囿企业发展的组织边界限制，积极与外部环境合作以获取、吸收、转化互补性资源，降低企业创新成本。近年来随着开放式创新的深入发展，党中央和国务院对促进自主创新高度重视，决心很大。国务院发布了《国家中长期科学和技术发展规划纲要（2006－2020 年）》，确定了今后科技工作的指导方针，其核心是加强自主创新，即从增强国家创新能力出发，加强原始创新、集成创新和引进消化吸收再创新。2015 年，国务院印发《关于大力推进大众创业万众创新若干政策措施的意见》，发布 30 条政策措施，涵盖创新创业面临的政策、资金、产业、环境等九大方面，为激发创造活力，发展创新型创业，加强统筹协调，完善协同机制提供更有力的支撑。组织环境是一个开放的系统，由多元创新主体联合而成，当企业自身内部资源难以满足创新发展所需时，企业急需打破组织边界限制，与环境中拥有相关资源的组织或个人建立合作伙伴关系，搭建合作创新网络，导入外部互补性资源与技术，以促进内部闲置资源商业化和外部互补性资源内生化。开放式创新形势下企业结合自身发展所需，主动进行知识、技术、资源的输入和输出，转化内部创新能力，开展创新活动，建立竞争优势，是必不可少的。

1.1.6 合作创新网络的发展驱动

合作创新网络强调创新主体间的合作关系、互补效用及交互作用，相互依赖、相互作用的各主体间关系是其发展基石，具有显著的协同效应。因此合作创新网络的发展为创新主体持续互动提供了良好的环境氛围，创新主体在关注信息共享和转化能力的同时，需要不断提升多主体参与下的关系协调能力。企业网络理论指出，企业创新活动植根于所在的关系网络中，因而网络关系特征会显著的影响创新活动的效率。作为表现网络关系特征的关键性指标，网络关系强度是衡量合作创新网络中创新主体间交流与合作的关键指标，直接影响着创新主体获取知识、技术和资源的能力以及信息传递的效果和质量。良好的互惠关系能够促进创新主体间信息共享习惯和模式形成。网络关系强度越强，创新主体之间的关联度就越高，就越有利于形成共享态度、主张以及信念，促进相互间的信任与协调机制的构建，降低信息传递的成本和风险，实现企业间网络内有价值知识和信息的深度沟通与交换；就越有利于维持创新主体间的长期合作，达到提升创新能力和合作绩效的目标。

1.1.7 企业动态能力的战略驱动

在技术飞速进步和偏好多变的环境中，企业如果满足于既有优势地位，仅仅满足于收获现有的竞争优势，将很快会被更富于创新的竞争对手所取代。因此，对企业竞争优势的研究必须建立在一个动态、非均衡的基础上。蒂斯等首先提出了动态能力："动态"是指为适应不断变化的市场环境，企业必须具有不断更新自身能力的能力；"能力"是指战略管理在更新自身能力（整合、重构内外部组织技能、资源）以满足环境变化的要求方面能发挥关键的作用；企业动态能力是企业改变组织能力以迅速根据环境变化进行快速组织变革、创造新产品和新过程、增强企业的适应力的一种能力。传统动态能力理论认为，组织学习新知识的活动能够形成和增强动态能力。周玉泉和李垣研究发现，合作学习可以增强组织的能力柔性，提高组织的动态能力；塞佩达和维达从知识的角度研究了知识、学习与动态能力的关系，并指出组织通过学习和创造新的知识、把新知识传递到组织层面并将其制度化，从而能更好地提升自己的动态能力；陈耀和汤学俊运用"多层灯笼"模型揭示了规范、能力和战略的三个学习回路内部要素之间交互作用共同形成和提升动态能力的状况。企业动态能力理论整合吸收并利用了研发管理、产品与过程开发、技术转移、知识产权、制造、人力资源和组织学习等领域的研究成果，是企业保持或改变竞争优势来源的理论基础。动态能力，能够帮助企业系统产生和修改其经营性惯例，从而提高效率。

本书从打破企业固有局限与引进吸收外部资源角度出发，探讨实践商业模式创新的过程。在网络经济时代企业若能善加运用外部创新要素，对于降低创新风险，提高创新效率，建立竞争优势将会大有助益。但是，企业由于存在固有的商业模式，往往会使创新过程形成路径依赖，造成创新模式固化，使企业难以适应日益变化的外部环境。随着企业的不断成长，其固有的行为方式与经营逻辑等往往会累积、固化于记忆系统之中，造成思维的僵化，阻碍企业对于新信息的接收与新资源的获取。因此企业要获得商业模式创新的成功首先必须要进行组织忘记，打破现有的锁定状态。同时，面对庞大的资源信息网络，需要创新主体能够对外部资源、信息进行有效的筛选、吸收与转化，这种企业与外部环境之间网络互动所产生的关系学习能力就显得尤为重要，它有助于企业充分利用外部资源、信息等打破内部创新僵局，实现企业经营理念、运营模式颠覆式的改变。因此，本书认为组织忘记与关系学习可以有效促进企业进行商业模式创新。

此外，企业对外开放程度的大小会显著影响企业与外部环境的互动以及对外部资源的获取。作为企业开放式创新程度的测量指标，它是衡量企业吸收利用外部创新资源的重要参考因素。对外开放程度越大，企业之间的熟悉程度和信任感越强，同时与外部环境之间的信息、资源流动流通速度越快，越有利于企业利用更多的创新要素，达到商业模式变革的目标。因此，本书以组织忘记为前置变量，结合开放式创新理论的相关研究成果，将关系学习作为中介变量，企业开放度作为调节变量，构建了组织忘记影响商业模式创新的理论模型，并通过对320份有效问卷进行实证分析，验证理论模型。

1.2 研究目的与意义

1.2.1 研究目的

本书从如何促进企业进行商业模式创新这一现实问题出发，在对商业模式创新进行文献梳理的基础上，从组织忘记这一全新视角出发，以关系学习作为中介变量，以企业开放度作为调节变量，探讨企业实践商业模式创新的现实问题。本书采用问卷调查的方式来获得研究数据，运用弯矩结构分析及统计产品与服务解决方案软件对研究假设进行了实证分析。本书的研究目的如下：

（1）在梳理组织忘记、关系学习、企业开放度与商业模式创新相关文献的基础上，从开放式创新理论视角出发，构建组织忘记影响商业模式创新的理论模型，其中将组织忘记作为自变量，商业模式创新作为因变量，关系学习作为中介变量，企业开放度作为调节变量；

（2）通过问卷调查的方法收集研究数据，通过多层次回归分析，探究组织忘记、关系学习、企业开放度与商业模式创新四个变量之间的相关关系，以验证提出的研究假设；

（3）根据实证分析的检验结果，对促进企业进行商业模式创新提供相对应的对策与建议。

1.2.2 研究意义

在经济新常态下，建立健全现代企业管理制度，依法规范企业经营行为，创新发展新路径，认识新常态，适应新常态，引领新常态，是当前和今后一个时期我国经济发展的大逻辑。企业层面要结合当前的经济形势以及经济发展现状，坚持以依法治企为基础，贯彻“创新、协调、绿色、开放、共享”的基本理念，坚持创新“智”造，从“互联网+”、大商业、新业态、大未来 4 个方面做出战略调整；大力推进创新，坚持变中求新、变中求进、变中求突破，打开发展新思路，集众智、聚合力，共同开创绿色产业新局面，为产业发展释放新动能。企业进行商业模式创新可以产生新的生产经营模式，通过服务平台和经济界、商界的优秀伙伴们进行跨组织、跨界合作，实现资源交换互补；根据服务平台提供的大数据信息咨询、电子交易、融资、智慧物流、供应链金融等增值服务，结合互联网时代的商业实践及商业创新发展趋势，制定服务流程标准，帮助企业降成本增效益，从而实现商流、信息流、资金流、物流的高度融合，逐步形成创新生态系统大数据价值网，促进企业经济持续健康发展。本书从开放式创新视角出发，探究如何利用外部资源实现商业模式创新，具有较强的理论意义与现实意义。

（1）理论意义

进入 21 世纪以来，科技发展呈现出一些新的特点：发展速度不断加快，技术生命周期不断缩短，新学科、新技术不断涌现，出现了很多跨学科领域的科学技术，科技体系日益庞杂。这些新特点导致企业技术创新的成本和不确定性增加，导致企业不可能仅靠自身力量完成全创新链活动，而需要广泛吸引和借助外部创新资源实现企业业务和技术目标；此外，企业在一切都是开放的——供给是开放的、需求也是开放的，战略是开放的、平台也是开放的——互联网时代，依靠内部自我创新的方式，不但成本过高，而且很难适应市场的快速变化。这种自我封闭的创新方式已经成为企业发展的障碍。因此，企业应把外部创意和外部市场化渠道的作用上升到和封闭式创新模式下的内部创意以及内部市场化渠道同样重要的地位，均衡协调内部和外部的资源进行创新，不仅仅把创新的目标寄托在传统的产品经营上，还积极寻找外部的合资、技术特许、委托研究、技术合伙、战略联盟或者风险投资等合适的商业模式来尽快地把创新思想变为现实产品与利润。根据国外经验，90%的创业项目退出和创新成果转化都要依靠大公司的开放式创新活动来实现。鉴于此，开放式创新成了当今企业技术创新的主导模式。

开放式创新是指企业在技术创新过程中通过与外部组织的广泛合作，整合内外部创新资源进而提高创新效率与效益的一种创新方式。开放式创新包括技术购买、政产学研、技术并购、产业联盟和工业联合项目、风险投资等多种模式。这些模式拥有各自的实施条件和优缺点，其选择取决于开放式创新的动因、企业战略、技术能力、开放程度和信息化水平、企业文化等多方面的因素。开放式创新模式的选择已经成为企业技术创新战略的重要组成部分。开放式创新是各种创新要素互动、整合、协同的动态过程，这要求企业与所有的利益相关者之间建立紧密联系，以实现创新要素在不同企业、个体之间的共享，构建创新要素整合、共享和创新的网络体系。通过开放式创新，可以获取新的技术能力，保持企业技术领先的地位；通过与外部合作方开展合作，利用外部创新资源和市场渠道，采取开放式创新模式，可以分担创新成本、加速成果转化、降低创新风险；对拥有不同技术实力、技术发展路径、企业文化、产业背景的国内外优秀企业的开放式创新实践进行分析，有助于企业在开放式创新中择其善者而从之，提高效率、扬长避短、趋利避害。加快开放式创新步伐，意味着公司内外的界限将会变得越来越模糊。能实现多方共赢，并更好地将万众创新的成果吸收、转化并最终回馈社会。

组织忘记是企业以改变组织记忆为途径，消除原有组织知识，为组织学习新知识和形成动态能力创造条件的过程，具有主动性和目的性。第一，组织忘记主动丢弃组织处理问题的常规，为组织广泛的寻求和尝试解决实际问题的路线和方法提供支持，增强创造性思考和吸收新知识的学习，避免组织陷入惰性。第二，有针对性地对有碍现在和未来发展的知识进行忘记，为新知识的进入扫清了障碍。第三，忘记无用知识可以为组织学习提供更大的记忆存储空间和知识搜索速度。组织忘记是组织弃旧图新、快速适应环境变化的手段。企业的经营管理不存在任何固定不变的最佳模式，只有不断推陈出新，才能在激烈的竞争中占有一席之地。因此，企业合理运用组织忘记，可以增强企业动态适应能力。

本书以成熟量表为基础，在开放式创新视角下研究了组织忘记对商业模式创新的影响。目前国内关于组织忘记与商业模式创新的实证研究较少，本书以关系学习作为中介变量，以企业开放度作为调节变量，探讨组织忘记对商业模式创新的影响，丰富了国内关于组织忘记与商业模式创新的相关理论。

（2）现实意义

面对当今互联网思维、敏捷开发、大数据驱动和用户体验制胜等不确定的市场环境，不断创新商业模式是企业可持续发展的必要条件。阿里巴巴、百度、苹果公司、国际商业机器公司等都通过不断创新其商业模式成为行业潮流的引导者，作为一种新的创新形态，商业模式创新已成为企业在互联网经济时代获取竞争优势的有效手段，企业急需通过创新商业模式来颠覆自我，以应对外部环境不断变化的挑战。成功的商业模式是基于技术突破与创新或主要依托产业价值链融合与分解，创新性地将内部资源、外部环境、盈利模式与经营机制等有机结合，在不同的领域与产业价值链条上做出不同程度的创新，不断提升自身的盈利能力、协调能力、风险控制能力、持续发展能力与行业地位等，保持企业持久的生命力。

商业模式创新是连接顾客价值与企业价值的桥梁，为企业的利益相关者提供交易活动联结的纽带，最大化企业价值。沃尔玛、亚马逊、扎拉、网飞公司、瑞安爱尔兰航空和高吸精简指令集处理器公司等企业都是因为它们独特而具有竞争力的商业模式而异军突起，在各自竞争激烈的行业成为领袖。一个好的商业模式最终总是能够体现为获得资本和产品市场认同的独特企业价值，具有持续改进特征。改变企业商业模式可以改变一个企业在产业链的位置和充当的角色。也就是说，改变其价值定义中“造”和“买”的搭配，一部分由自身创造，其他由合作者提供。商业模式本身就是一种核心能力，企业可以通过引进激进型技术来主导自身的商业模式创新，充分利用未来的资源，提供诸多崭新的用户价值。最具潜力的云计算技术，也为企业进行商业模式创新提供了契机。本书从打破企业固有局限与引进吸收外部资源角度出发，探讨实践商业模式创新的过程，具有重要的现实意义。

1.3 研究内容与方法

1.3.1 研究内容

本书主要研究组织忘记、关系学习、企业开放度以及商业模式创新之间的相互关系，主要研究内容如下：

第一章为绪论部分。主要介绍了本书的研究背景、研究目的及意义、研究方法，以及研究的技术路线图和创新点等。

第二章为理论基础部分。该章主要梳理了交易成本理论、资源基础论、资源依赖理论、动态能力理论、价值链理论、开放式创新理论、组织间关系理论、商业模式创新理论，为后续四个变量展开提供理论基础。

第三章为文献综述部分。该章主要梳理了组织忘记、关系学习、企业开放度以及商业模式创新的概念、测量方法及相关研究等，为后续研究奠定理论基础。

第四章为研究假设与理论模型部分，该章首先通过理论推导提出了组织忘记、关系学习、企业开放度与商业模式创新之间的研究假设，并在此基础上构建了研究的假设模型。

第五章为研究设计部分，本章主要介绍了各变量的测量工具，以及样本的选择与数据收集。

第六章为数据分析与结论分析部分。该章先对正式调研的样本选取、发放和回收情况做出说明，再利用弯矩结构分析、统计产品与服务解决方案软件对收集回来的数据进行信效度检验、相关性分析以及验证第三部分提出的假设，并对检验结论进行总结。

第七章为机制构建。该章主要根据第六章的检验结果构建相应的机制。

第八章为未来展望部分。该章指出本书研究存在的局限性以及对未来研究的展望。

1.3.2 研究方法

文献分析法。本书通过对组织忘记、关系学习、企业开放度以及商业模式创新的相关文献进行梳理、归纳与总结，明确各研究变量的概念、测量范围等，了解目前国内外对于各个变量的研究现状，为后续研究奠定理论基础。

问卷调查法。本书用问卷调查的方式获取研究数据，通过对互联网经济较为发达的北京、上海、天津三个城市的金融、信息技术、电子商务等行业进行问卷发放。回收问卷并将回答存在缺失以及回答存在规律性的进行剔除，为后面的实证分析奠定基础。

回归分析法。回归分析是确定两种或两种以上变量间相互依赖的定量关系的一种统计分析方法。本书用多层次回归分析方法对问卷调研数据进行分析，以验证研究假设，得出研究结论。

1.4 研究框架与创新之处

1.4.1 研究技术路线图

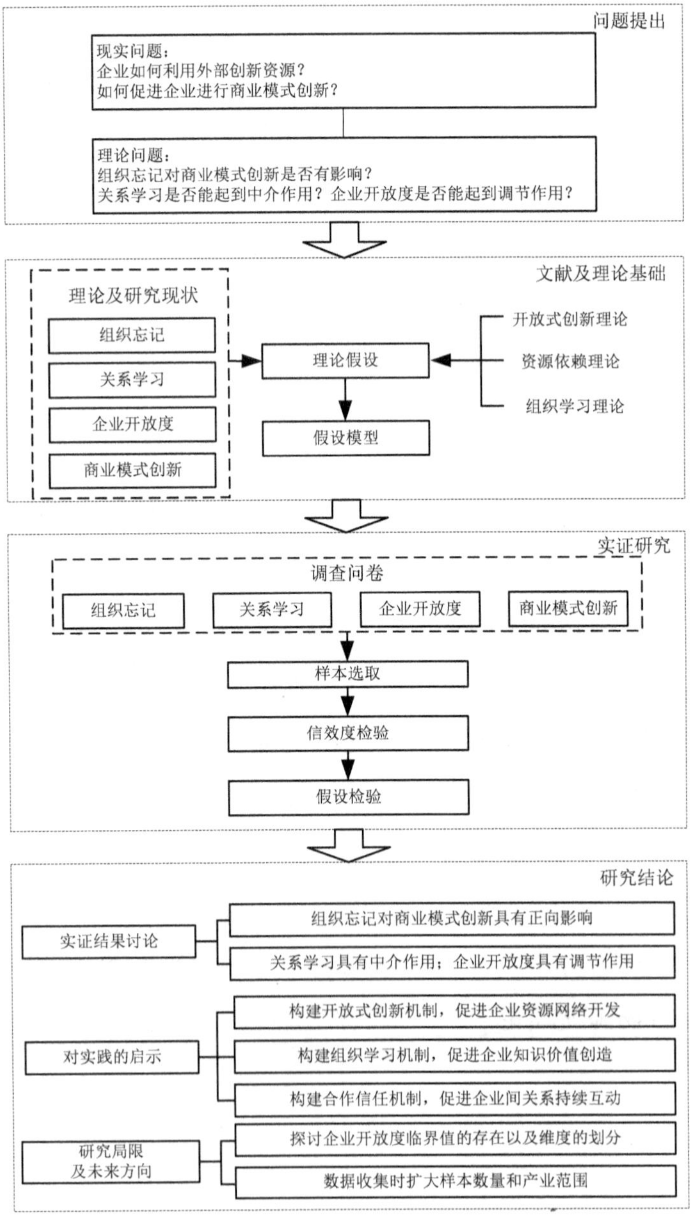

图 1-1 技术路线图

1.4.2 研究创新之处

本书的创新之处主要体现在以下三个方面：

第一，揭示了组织忘记对商业模式创新的影响机理。随着企业的不断成长，其固有的行为方式与经营逻辑等往往会累积、固化于记忆系统之中，造成思维的僵化，阻碍企业对于新信息的接收与新资源的获取。因此企业要获得商业模式创新的成功首先必须要打破现有的锁定状态。组织忘记是组织自我更新与创新的一种能力，能够有目的性地消除组织中固有的行为方式与认知结构，是企业进行变革与创新的必要前提。本书采用实证研究的方法探究组织忘记对商业模式创新的影响关系，揭示出企业进行商业模式创新的前提与基础是要能够进行组织忘记。

第二，揭示了关系学习在组织忘记与商业模式创新之间的中介作用。互联网经济时代，企业面对庞大的资源信息网络，需要能够对外部资源、信息进行有效的筛选与吸收，因此企业间关系学习能力的重要性日益显现。关系学习即企业与外部关系网络互动，对外部信息、资源等进行辨识、吸收与转化的能力。它有助于企业充分利用外部资源、信息等打破内部创新僵局，实现企业经营理念、运营模式颠覆式的改变。本书选取关系学习作为中介变量，并通过回归分析检验假设，将关系学习这一变量引入组织忘记影响商业模式创新的理论模型中，丰富并完善了促进企业进行商业模式创新的相关理论。

第三，揭示了企业开放度在关系学习与商业模式创新之间的调节作用，揭示了企业开放度对关系学习中介作用的调节作用。企业对外开放程度的大小会显著影响企业与外部环境的互动以及对外部资源的获取，作为企业开放式创新程度的测量指标，企业开放度是衡量企业吸收利用外部创新资源的重要参考因素。对外开放程度越大，企业之间的熟悉程度和信任感越强，同时与外部环境之间的信息、资源流动流通速度越快，有利于企业利用更多的创新要素，达到商业模式变革的目标。本书通过探究不同开放程度下，组织忘记、关系学习与商业模式创新之间的影响差异可以更加全面客观地反映它们之间的作用效果。

第二章　理论基础

本章主要对交易成本理论、资源基础论、资源依赖理论、动态能力理论、价值链理论、开放式创新理论、组织间关系理论、商业模式创新理论进行整理归纳。

2.1　交易成本理论

2.1.1　交易成本理论的提出和发展

1937年，科斯在《企业的成本》中首次提出了交易成本概念。科斯用交易成本的概念来解释市场与厂商的行为，而后又解释人们在考虑不同成本下如何做选择的问题，进一步强化了由相对性出发的经济分析方法。而此理论的集大成者威廉姆森认为，交易成本包括获得市场信息所需要的费用、谈判和经常性契约的费用、发现交易对象和交易价格的费用、讨价还价的费用、订立交易合约的费用、执行交易的费用、维护交易秩序的费用等等。随着交易成本理论的逐渐深入，大大丰富和成就了新制度经济学，使之与宏观经济学、微观经济学并驾齐驱。在对交易成本的内涵和外延的认识上，从特定分析对象和角度对交易成本的含义进行了研究；从人的因素、与特定交易有关的因素和交易的市场环境因素三个方面对交易成本的决定因素进行了分析；在经济组织研究方面指出不同治理结构应该与不同的交易类型相匹配；并运用麦克内尔将交易分为古典型、新古典型和关系型三种类型的理论，认为只有在古典型交易中，交易成本是可以忽略的。阿尔钦和德姆塞茨也对交易成本论的研究做出了贡献。

2.1.2　交易成本理论的主要内容及应用缺陷

1. 交易成本理论的主要内容

交易成本理论的内容是从以下两个方面进行展开的。

（1）交易成本的决定因素理论

交易成本的决定因素包括三个方面：一是人的因素；二是与特定交易有关的因素；三是交易的市场环境因素。威廉姆森在科斯的基础上扩展和深化了对交易成本决定因素的分析。他主要是从人的因素、与特定交易有关的因素以及交易的市场环境因素三个方面来分析交易成本的决定因素的。

①人的因素

威廉姆森的交易成本理论是在新的人性假设基础上来研究合约行为问题的。在他看来，现实的经济生活中的人是“契约人”；“契约人”的行为特征不同于“经济人”的理性行为，而具体表现为有限理性和机会主义行为。正是“契约人”的有限理性和机会主义行为导致了交易成本的产生。

②与特定交易有关的因素

威廉姆森认为，某些交易要按这种方式来组织 ，而其他交易要按那种方式来组织，其中必有经济上的合理原因，因此有必要找出是什么原因使得各种交易彼此不同。威廉姆森将与特定交易有关的因素，即他所谓交易的三个维度：资产专用性、不确定性和交易频率，一一进行了解释。不同的维度与交易成本有关，三者中，资产专用性最重要、最独特。

③市场环境因素

威廉姆森的交易市场环境是指潜在的交易对手的数量。威廉姆森指出，交易开始时有大量的供应商参加竞标，并不意味着此后这种情形还会存在。事后竞争是否充分，依赖于所涉及的货物或者服务是否受到专用性人力或物质资产投资的支持。如果没有这样的专用性投资，最初的赢家就不能实现对非赢家的优势。尽管它也许会继续供应相当长的一段时间，这只不过是因为它一直在对付来自合格对手的竞争性叫价。相反，一旦存在了专用性投资，就不能假定竞争对手还处于同一起跑线上了。

（2）交易和治理结构的匹配理论

交易成本理论认为企业在进行资源投入时，必须对治理结构进行选择。不同治理结构应该与不同的交易类型相匹配，匹配的目的是使交易成本最小化。主要包括三个方面的内容：一是交易类型和契约类型的对应关系；二是交易与治理结构的有效匹配；三是不确定性对治理结构的影响。当企业依赖外部服务商时，则把市场合约作为治理结构形式；当依赖内部员工时，则把组织等级制度作为治理结构的形式；当获得相同质量的产出结果时，企业将选择最小资源投入的治理结构。

2. 交易成本理论的应用缺陷

（1）交易成本理论重视对制度本身的研究，但却忽视了制度创新对组织发展所产生的后续影响，而这些影响在很大程度上是难以进行评估和衡量的。比如，某项制度的演化在很多情况下可能增加了交易成本，但却是制度优化的结果。正像诺斯自己所认为的那样，“在一个社会里，专业化和劳动分工越发达，与交易相关的考核费用也就越大，同样，决定有效率的道德和伦理准则的费用也越大”。其实，张五常也察觉到交易成本计量上的困难。此外，要把一种交易成本与另一种交易成本区分开来也是困难的。所以，单纯依靠交易成本进行某项制度创新的评估也就变得困难了。

（2）由于任何制度的存在和运行都需要耗费一定的社会资源，或者更准确地说是对社会资源的配置产生影响（比如我们选择以公有制经济为主体的制度安排，就必然导致包括金融资产在内的大部分资源流向公有企业），因此，考察制度成本显然必须考虑到机会成本问题。很多时候，正是因为机会成本的存在，才会使得某项制度创新具有了超过交易成本节约的功能。比如，某项制度存在虽然耗费比较大的交易成本，需要另外一项制度来替代。但是，在另外一项制度出现或成为可能之前，与没有该制度所损失的社会收益相比较，现实可能仍然会选择这项制度。詹姆斯·布坎南在其《财产与自由》一书中引用了托马斯·霍布斯设想的自然状态，不接受人们之间的分界线，没有法律，没有惯例，任何人的生活都可以描述为“贫穷的、孤独的、险恶的、野蛮的和短缺的”，由此人们都希望于出现一个能够提供保护的君主，尽管出现的这个君主可能是独裁的。伊拉克战争结束后那种无政府状态导致的混乱留给世人的记忆也是比较深刻的。这也正如诺斯所说的：不管一个政府多么富有剥削性，它也比无政府状态要好，即几乎任何一套规则都好于无规则。

（3）很多学者在分析交易成本时，往往孤立地去进行分析，割裂了制度的联系。比如，诺斯等人认为，美国国民收入45%以上被用于交易，而且这一比例比一个世纪以前增加了近25%；经济中用于交易的资源不仅在量上十分可观，而且还在增加。张五常先生估计的比值更高，他估计交易成本占香港国民生产总值的80%。很多学者吃惊于如此大的社会制度交易成本，因而力图论证和缩小交易成本的统计范围，显然这个方向是存在问题的。须知，制度安排本身是具有层次性和复杂性的，在这方面，诺斯已经意识到：“经济理论中特定的合约是简单的、完全的和直接的。它包括在一个特定时间的交易。在现代复杂经济中，合约既是多方面的，又是随时间延伸的。由于有多重方面，与交换的物质特性和产权特性相应的就有必要展示许多规定”。因此，就会存在这样一种情形：一项交易费用可能是某个制度安排的交易费用，但同时可能又是另外一种制度安排的收益。比如，为解决信息不对称问题而设置的中介服务机构，其收益显然是具有两重性的。由此，我们可以进一步分析，交易成本的存在，很大程度上是由于信息不对称导致的，“信息的高昂代价是交易成本的核心”；毫无疑问，交易成本的产生可部分归因于我们的无知或缺乏信息。尽管有时候较低的交易成本有利于降低经济交易的成本，增进参与者的福利或社会整体福利，但在另外的情形下，交易成本的存在却是社会必要的一种布局或者是经济活动本身的一种必要。比如没有交易成本的存在，就不会存在第三产业的发展和繁荣，也就不会出现更多的就业机会，经济活动反而会最终受到制约。正如现实经济生活中如果完全没有信息不对称问题，很多经济交易反而是难以成功的。还可以进一步想象现实中其他的例子。如果信息是完全的，所有组织、所有个人就不会再存在独立拥有的信息以及个人隐私等，一切都是透明的，那么许多问题的处理反而更困难了，甚至连人们之间的婚姻关系都难以存在，因为人们都难以容忍其他人的弱点和错误。经济交易如果完全没有交易成本，由于所有组织的成本资料、利润、商务活动等等都可以成为社会公开的信息，甚至根本不存在合法的专有技术、商业秘密，知识产权制度也就没有存在的必要性，许多的交易活动就可能没有办法进行下去。在这种情况下创造利润十分困难，导致的结果是没有人和经济组织愿意去进行创业冒险和技术创新，分工也难以深化，社会进步可能就此窒息。张五常也认为：如果所有的个人都是“完全”的，那将很难存在制度安排。交易成本不仅是客观存在的，而且也在一定区间内为某些经济活动所必要。实际上零交易成本世界是不存在的，这也是标准的新古典理论假定的无交易成本（或零交易成本）的不现实之处。由此，对交易成本的统计谬误也就一目了然。

2.1.3 交易成本理论的特性

1. 交易成本理论的相关因素阐述

（1）交易成本产生的原因

交易成本发生的原因，来自人性因素与交易环境因素交互影响下所产生的市场失灵现象，它造成了交易的困难（威廉姆森，1975）。威廉姆森指出了交易成本的六项来源：

①有限理性：指交易进行参与的人，因为身心、智力、情绪等限制，在追求效益极大化时所产生的限制约束。

②投机主义：指参与交易进行的各方，为寻求自我利益而采取的欺诈手法，增加彼此怀疑与不信任，因而导致交易过程监督成本的增加，降低经济效率。

③不确定性与复杂性：由于环境因素中充满不可预期性和各种变化，交易双

方均将未来的不确定性及复杂性纳入契约中，使得交易过程增加不少订立契约时的议价成本，并使交易困难度上升。

④少数交易：某些交易过程的过于专属性，或因为异质性信息与资源无法流通，使得交易对象减少及造成市场被少数人把持，使得市场运作失灵。

⑤信息不对称：因为环境的不确定性和自利行为产生的机会主义，交易双方往往握有不同程度的信息，使得市场的先占者拥有较多的有利信息而获益，并形成少数交易。

⑥气氛：指交易双方互不信任，且又处于对立立场，无法营造一个令人满意的交易关系，将使得交易过程过于重视形式，徒增不必要的交易困难及成本。

（2）交易成本的分类

交易成本泛指所有为促成交易发生而形成的成本，不同的交易往往涉及不同种类的交易成本。以下是两种常见的分类方式：

①威廉姆森（1985）将交易成本整理区分为事前与事后两大类。事前的交易成本包括签约、谈判、保障契约等过程中产生的成本；事后的交易成本包括：适应性成本，指签约双方对契约不能适应所导致的成本；讨价还价的成本，指两方调整适应不良的谈判成本；建构及营运的成本，为解决双方的纠纷与争执而必须设置的相关成本；约束成本，为取信于对方所需的成本。

②达尔曼（1979）认为交易成本是指当交易行为发生时，随同产生的各项成本，如搜寻信息的成本、协商与决策成本、契约成本、监督成本、执行成本与转换成本。表 2-1 说明了交易成本的种类及基本内涵。

（3）交易成本的特征

①交易商品或资产的特殊性：交易所投资的资产本身不具市场流通性，或者契约一旦终止，投资于资产上的成本难以回收或转换使用用途。

②交易不确定性：指交易过程中会发生各种风险导致交易可能无法进行。由于人类有限理性的限制使得面对未来的情况时，人们无法完全事先预测。交易双方因此透过契约来保障自身的利益。因此，交易不确定性的升高会伴随着监督成

本、议价成本的提升，使交易成本增加。

表 2-1 交易成本的种类及其内涵

<table>
<tr><th colspan="2">交易成本种类</th><th>内涵</th></tr>
<tr><td rowspan="3">事前成本</td><td>搜寻信息成本</td><td>想要交易者，需寻找最适合的交易对象，查询所能提供的服务与产品所需要支付的成本。</td></tr>
<tr><td>协商与决策成本</td><td>由于交易双方的不信任及有限理性，交易双方为达成交易所做的议价、协商、谈判并做出决策所产生的成本。</td></tr>
<tr><td>契约成本</td><td>当交易双方达成协议准备进行交易时，通常会制定契约。对契约内容进行磋商所产生的成本即为契约成本。</td></tr>
<tr><td rowspan="3">事后成本</td><td>监督成本</td><td>为了预防对方由于投机主义产生违背契约的行为，在制定契约之后，会在执行过程中相互监督。由此产生的成本即为监督成本。</td></tr>
<tr><td>执行成本</td><td>契约制定之后，交易双方相互进行必要的检验以确定对方确实遵守契约，当对方违背契约时，强制对方履行契约。由此产生的成本，即为执行成本。</td></tr>
<tr><td>转换成本</td><td>当交易双方完成交易之后，可能持续进行交易。此时若有一方更换交易对象，所产生的成本即为转换成本。</td></tr>
</table>

③交易的频率：交易的频率越高，相对的管理成本与议价成本也升高。交易频率的升高使得企业会将该交易的经济活动内部化，以节省企业的交易成本。

2. 交易成本理论的重大意义

尽管交易成本理论还很不完善，存在许多有待完善的地方，但这一思想的提出，改变了经济学的面目，使呆板的经济学具有了新的活力，并具有现实性。它打破了（新）古典经济学建立在虚假假设之上的完美经济学体系，为经济学的研究开辟了新的领域。它的意义不仅在于使经济学更加完善，而且这一思想的提出，改变了人们的传统观念。正如科斯本人所说，“认为《企业的性质》的发表对经济学的最重要成果是把注意力引导到企业在我们现代经济学中的重要性上来，就错了；在我看来，这一结果无论如何都会发生的。我认为这篇文章在将来会被考虑具有最重要的贡献是把交易成本明确地引进了经济分析之中。”（科斯，1991）。也许，该理论目前应用于现实还有距离，但不能因此而否定其对经济理论的巨大创新意义。

2.2　资源基础论

2.2.1　资源基础论的提出与发展

资源基础论思想最早源于彭罗斯在 1959 年出版的《企业成长论》一书。她在书中提出，企业是资源的集合体，企业的成长除了要受到市场竞争状况等外在要素制约外，还要受到经营资源以及组织能力的制约。20 世纪 80 年代以来，学者们开始重点关注资源的特性和竞争优势的关系。1984 年，沃纳菲尔特在《战略管理杂志》上发表了《企业资源基础论》一文，标志着资源基础论的正式诞生。他指出，与外部环境相比，公司内部环境具有更重要的意义，对企业创造市场优势具有决定性的作用；企业内部的组织能力、资源和知识的积累是企业获得超额收益、保持竞争优势的关键，进而得出了企业从以资源替代产品的思考角度做出战略决策的结论。资源基础论不断发展，巴尼、皮特拉夫、爱密特、格兰特等学者为此做出了重要贡献。资源基础论的核心思想是企业拥有异质的资源，这种异质资源表现为企业的知识和能力，是企业获得竞争优势的源泉。1991 年，巴尼提出了一个较为综合的分析框架，来阐述产生持续竞争优势的企业资源特性。他认为，作为竞争优势源泉的资源应当具备以下四个条件：有价值、稀缺、不能完全被仿制、其他资源无法替代。该框架的根本假设是：第一，企业资源具有异质性；第二，企业资源具有不易流动性。在这样的前提下，当企业资源具备有价值、稀缺等特性时，企业则可以产生竞争优势；而当企业资源同时又具备不可模仿和不可替代等特性时，企业就可以获得持续的竞争优势。

2.2.2 资源基础论的主要内容及应用缺陷

1. 资源基础论的主要内容

资源基础论的主要内容包括：资源基础论的前提假设和理论逻辑。接下来本书对这两部分进行一一阐述。

（1）资源基础论的前提假设

资源基础论是强调企业内部因素分析模型的代表，该分析模型把对企业分析的重点从产业和产品方面转移到资源方面，强调企业资源的特质性对企业竞争优势的作用。资源基础论的前提假设提出了企业资源的异质性和不易流动性。然而，在资源基础论中，对于资源的价值定义为，“能够使企业发现和利用外部环境中的机会，化解风险，或者是企业能够构想和实施战略，提高企业的效率和效益”。这就表明，企业资源的价值，很大程度上取决于企业的外部市场环境。当外部市场环境改变时，企业资源的价值也随之改变。国内彩电业的巨头 TCL，曾经自建起庞大的销售网络，极大提高了企业的市场竞争力，成为企业竞争优势的重要组成部分。但随着国美、苏宁等大型专业分销商的出现，使得 TCL 所拥有的销售网络的竞争优势价值大大降低。通过以上分析，我们认识到，外部环境的变化引起资源价值的变化，而资源价值的变化会导致企业资源分析结果的不确定性。因此，就像外部环境分析模型的前提隐含了同质和流动的资源市场，资源基础论实际上隐含了外部市场环境的同质性和稳定性的假设。因此，我们在应用资源基础论的同时，必须注意其背后所隐含的条件假设。

（2）资源基础论的理论逻辑

资源基础论认为，企业是各种资源的集合体。由于各种不同的原因，企业拥有的资源各不相同，具有异质性；这种异质性决定了企业竞争力的差异。概括地讲，资源基础理论主要包括以下 3 方面的内容：

①企业竞争优势的来源：特殊的异质资源

资源基础论认为，各种资源具有多种用途，其中又以货币资金为最。企业的经营决策就是指定各种资源的特定用途，且决策一旦实施就不可还原。因此，在任何一个时点上，企业都会拥有基于先前资源配置基础上进行决策后带来的资源储备，这种资源储备将限制、影响企业下一步的决策，即资源的开发过程倾向于降低企业灵活性。例如，拥有 1 亿元货币资金的企业几乎可能涉足任何产业，但它一旦将这 1 亿元资金用来购买了化工设备及化工原料，它就只可能从事特定的化工生产。尽管如此，企业仍然热衷于资源的开发利用，因为资源的开发增加了资源的专用性，有可能提高产出效率及资源的价值。如果决策得当，上面那家只能从事化工生产的企业也许会从化工生产中赚回 2 个亿。

②竞争优势的持续性：资源的不可模仿性

企业竞争优势根源于企业的特殊资源，这种特殊资源能够给企业带来经济租金。在经济利益的驱动下，没有获得经济租金的企业肯定会模仿优势企业，其结果则是企业趋同，租金消散。因此，企业竞争优势及经济租金的存在说明优势企业的特殊资源肯定能被其他企业模仿。资源基础论的研究者们对这一问题进行了广泛的探讨，他们认为至少有三大因素阻碍了企业之间的互相模仿：第一，因果关系含糊。企业面临的环境变化具有不确定性，企业的日常活动具有高度的复杂性，而企业的租金是企业所有活动的综合结果，即使是专业的研究人员也很难说出各项活动与企业租金的关系，劣势企业更是不知该模仿什么，不该模仿什么。并且，劣势企业对优势企业的观察是有成本的，劣势企业观察得越全面、越仔细，观察成本就越高，劣势企业即使能够通过模仿获得少量租金，也可能被观察成本所抵消。第二，路径依赖性。企业可能因为远见或者偶然拥有某种资源，占据某种优势，但这种资源或优势的价值在事前或当时并不被大家所认识，也没有人去模仿。后来环境发生变化，形势日渐明朗，资源或优势的价值日渐显露出来，成为企业追逐的对象。然而，由于时过境迁，其他企业再也不可能获得那种资源或优势，或者再也不可能以那么低的成本获得那种资源或优势，拥有那种资源或优势的企业则可稳定地获得租金。第三，模仿成本。企业的模仿行为存在成本，模仿成本主要包括时间成本和资金成本。如果企业的模仿行为需要花费较长时间才能达到预期目标，在这段时间内完全可能因为环境的变化而使优势资源丧失价值，使企业的模仿行为毫无意义。在这样一种威慑下，很多企业选择放弃模仿。即使模仿时间较短，优势资源不会丧失价值，企业的模仿行为也会耗费大量的资金，且资金的消耗量具有不确定性，如果模仿行为带来的收益不足以补偿成本，企业也不会选择模仿行为。

③特殊资源的获取与管理

资源基础论为企业的长远发展指明了方向，即培育、获取能给企业带来竞争优势的特殊资源。由于资源基础论还处于发展之中，企业决策总是面临着诸多不确定性和复杂性，资源基础论不可能给企业提供一套获取特殊资源的具体操作方法，仅能提供一些方向性的建议。具体来说，企业可从以下三方面着手发展企业独特的优势资源。

一是组织学习。资源基础论的研究人员几乎毫不例外地把企业特殊的资源指向了企业的知识和能力，而获取知识和能力的基本途径是学习。由于企业的知识和能力不是每一个员工知识和能力的简单加总，而是员工知识和能力的有机结合，通过有组织的学习不仅可以提高个人的知识和能力，而且可以促进个人知识和能力向组织的知识和能力转化，使知识和能力聚焦，产生更大的合力。

二是知识管理。知识只有被特定工作岗位上的人掌握才能发挥相应的作用，企业的知识最终只有通过员工的活动才能体现出来。企业在经营活动中需要不断地从外界吸收知识，需要不断地对员工创造的知识进行加工整理，需要将特定的知识传递给特定工作岗位的人，企业处置知识的效率和速度将影响企业的竞争优势。因此，企业对知识微观活动过程进行管理，有助于企业获取特殊的资源，增强竞争优势。

三是建立外部网络。对于弱势企业来说，仅仅依靠自己的力量来发展他们需要的全部知识和能力是一件花费大、效果差的事情，通过建立战略联盟、知识联盟来学习优势企业的知识和技能则要便捷得多。来自不同公司的员工在一起工作、学习还可激发员工的创造力，促进知识的创造和能力的培养。

2. 资源基础论的应用缺陷

资源基础论在具体的管理应用上有一定的局限性。这主要表现为三方面：

（1）某些资源的特性，容易描述，但难以测量和管理操作。比如，隐性的知识资源，来自经验，但很难识别和管理。这对企业来说，在实际的量化考核过程中就带来了很多问题：到底应该以什么标准来测定？为什么设置这样的标准？通过这种测量标准得出的结果是否科学合理等问题都需要慎重考虑。另外，企业竞争优势的产生有一定的因果模糊性，企业本身并没有认识到这些资源；或不知道究竟是哪些资源产生竞争优势；只有特殊的资源才能成为企业的竞争优势资源，那么到底哪些是企业的优势资源；或者说企业并不认为这些资源是企业的竞争优势的来源，那么这无疑对企业及其竞争优势的培育没有任何益处。因此，资源基础论在如何分辨企业的优势资源以及及时清晰的明了企业的优势资源方面还有待进一步深化和发展。

（2）资源基础论没有回答如何保护和培育资源的问题，资源产生竞争优势的过程仍然是个黑箱，使得资源基础论对企业战略管理的现实指导意义大打折扣。成为企业竞争优势的资源虽然是异质资源，但并不是没有被其他企业模仿和超越的可能和风险，那么企业应如何保护和培育本企业的竞争优势资源呢？这是个需要进一步发掘的问题。另外资源如何成为企业的竞争优势的过程也并没有一个清晰明了的过程，这也不利于发现问题和在培育的过程中借鉴经验。这些都是资源基础论存在的问题和不足，需要再深入研究的方面。

（3）资源基础论在管理应用上，会引起所谓“寻求财富规则”悖论。如果一个企业没有特殊的资源，但通过资源基础论的应用，可以获得竞争优势，那么，任何企业都可以运用资源基础论来创造竞争优势；而根据竞争优势的定义，只有当企业实施能创造价值的行动或战略同时又不被其他企业所实施时，企业才可能获得竞争优势。也就是说，在资源基础论的指导下，当任何一家企业实施一项战略或行动时，则这项战略或行动也就失去了竞争优势，从而陷入“寻求财富规则”悖论。当然，竞争优势方面的其他许多理论，在现实应用中都会受到这种悖论的限制。

2.2.3 资源基础论的特性

1. 资源基础论的过程机理

米勒和沙米斯指出，战略理论研究涉及许多有用的资源，但这些研究没有关注这些资源在“何时”“何地”及“如何”有用。这“如何”的问题就涉及战略研究的过程。为此，我们讨论资源基础论的过程机理研究是否回答了“如何”的问题，以及它采用的相应研究方法。

（1）资源基础论的过程机理的研究问题

尽管米勒和沙米斯的研究提出和尝试回答了关于知识资源和企业绩效的“何时”“何地”及“如何”等三个基本问题，但总的来说，从资源基础论的研究现状看，并没有回答“如何”问题。比如资源如何获取，资源在怎样的环境下才能对竞争优势有贡献，企业各种资源间的相互关系和相互作用等等。许多学者都认为，巴尼分析框架的一个重要欠缺就是，视资源为彼此独立的单个特质要素，没有研究资源组合所产生的影响。

（2）资源基础论的过程机理的研究方法

彭罗斯早在 1959 年就指出，环境的变化影响企业资源的重要性，而且企业在一个时期内获得或发展资源的条件影响着企业下一个时期的资源发展状况。这就要求用动态的方法来研究资源基础论。除了前面提到的米勒和沙米斯采用时间跨度为 30 年的纵向研究外，很多学者都采取大样本、横截面的研究方法。但横截面的研究方法属于静态的研究方法，这种方法比较难以回答资源基础论的过程所要求的“如何”问题，容易忽视环境变化因素对企业资源的影响，而且这种方法也难以把资源产生的效应与产业、环境、战略等因素产生的影响很好地分离开来。同时，在资源基础论的经验研究中，由于有价值、稀缺的、不可模仿的资源往往是企业的无形资源，而这类资源往往难以界定和测量，虽然实际研究中常常采用相近的因素来代替，但这会在不同程度上影响研究的有效性和可靠性。

2. 资源基础论的管理启示

（1）企业效率差异的综合解释：治理结构差异与资源异质性

关于企业效率的讨论一直没有间断过，对其争论也由来已久，交易成本理论基于资源同质性的逻辑认为，交易费用的降低是提升企业效率的源泉，所以建立合理的治理结构以节约交易费用是企业存在的必要条件。但是效率差异还可能与其他变量差异有关，如企业资源基础论克服了交易成本经济学片面关注企业交易属性的缺陷，从企业内部和内外部相结合的角度寻找企业成长和持续竞争优势的成因。实际上，单独从企业的生产和交易的任何一方来进行研究都有失偏颇，企业是生产过程和交易过程的统一体，只有把二者结合起来，既要考虑节约交易成本为目的的治理结构设计，也要考虑创造李嘉图、张伯伦和熊彼特租金的资源异质性，才能获得对企业效率根源更为本质和全面的认识。

（2）企业控制权的集中与分散：知识成本和代理成本的权衡

控制权的配置可以沿着两种路线，一是根据现实经济制度和法律制度的规定，控制权来源于财产所有权；二是从专业化生产效率的角度分析，控制权的效率基础是知识和信息。以交易成本为基础的契约理论机械地讨论了企业的契约属性，把代理成本作为决定企业权力安排的唯一变量，考察了企业控制权的最优配置问题，得出“资本强权”和“股东至上”的结论，但是它忽略了企业的生产属性和学习特征。资源基础论注重控制权与知识拥有者相对应，认为企业的核心资源拥有者应该具有最大的决策权力。

在控制权的配置过程中，企业将面临知识成本和代理成本的共同约束。现实中控制权的产生基础往往是冲突的、非对应的，既有可能面对知识分工条件下经济行为主体有限理性带来的知识成本约束（包括知识的转移、学习和传递成本，以及决策者缺乏知识和信息而做出错误决策的机会成本），也有可能面对信息非对称条件下的代理成本（权力转让和委托代理过程中代理问题和机会主义行为所造成的成本），所以，在讨论企业控制权分配的时候，需引入知识成本因素。结合两种理论考察发现，企业控制权的集中和分散是在节约交易成本的基础上实现专业化生产的分工和协作过程，其分布状态取决于企业核心知识和能力的积累过程以及企业组织成员私人知识积累的专用性程度。知识成本随着企业集权程度的提高而不断上升，代理成本则随着集权程度的提高而递减。因为资源是不可复制和不能完全流动的，如果企业主集权程度较高，那么较高的知识传递、学习等成本可以超越其代理成本降低的程度；反过来如果企业主分权程度较高，部分决策和控制权转移给拥有知识和信息的成员，降低了企业的知识成本，但机会主义行为带来的代理成本随之升高，最终的总成本要在知识成本和代理成本的双向变动中达到均衡。

2.3 资源依赖理论

2.3.1 资源依赖理论的提出与发展

资源依赖理论属于组织理论的重要理论流派，是研究组织变迁活动的一个重要理论。它萌芽于 20 世纪 40 年代，但是直到 20 世纪 70 年代，组织分析的重点才明确地转向组织间的分析层次。费佛尔和萨兰奇科是资源依赖理论的集大成者。他们在 1978 年出版的《组织的外部控制》中提出了 4 个重要假设：（1）组织最重要的是关心生存；（2）为了生存，组织需要资源，而组织本身通常不能生产这些资源；（3）组织必须与它所依赖的环境中的因素互动，而这些因素通常包含其他组织；（4）组织生存建立在以控制环境因素来获得资源的基础上，这些环境因素能够对组织提出要求。

伯特进一步提出了“结构自主性”模式来解释共同抉择和公司绩效，吸收了齐美尔、费佛尔和萨兰奇科的理论。伯特认为，社会网络中的行动者将会受益，只要他们避免依赖其他人，在社会结构中占据相对稀疏的（非竞争性的）位置并且被那些占据相对拥挤位置的行动者所依赖。如果应用于产业分析，伯特认为，一个产业将会有利可图，只要它是集中的（即它的成员占据相对稀疏的位置），其他产业在销售或采购上高度依赖于这个产业，而这个产业在销售和采购上所依赖的那些产业是竞争性的（即它的成员占据相对拥挤的位置）。伯特指出，具有这些特点的产业，即具有较高结构自主性的产业比具有较低结构自主性的产业能够获取更多的利润。利用交叉点作为共同抉择的指标，伯特发现，和他的假设一致，产业将试图与那些限制它们的产业成员共同抉择。

贝克尔的一项研究对公司以何种方式处理与其他公司的资源依赖关系做了更详细的探讨。事实上，这是在资源依赖视角下的一项独特研究，贝克尔的研究检验了公司与其投资银行之间的直接关系。贝克尔假设，当公司在资本和市场信息上对投资银行有高度依赖时，公司将试图与这些银行保持长期的关系。当这种依赖程度较低时，贝克尔认为它们之间的关系将是短暂的和插曲式的。这项研究显示了公司主动处理与那些控制着重要资源的公司之间关系的方式。这就超越了关于依赖和共同抉择的早期研究。

2.3.2　资源依赖理论的主要内容及应用缺陷

资源依赖理论认为，一个组织最重要的存活目标，就是要想办法降低对外部关键资源供应组织的依赖程度，并且寻求影响这些供应组织对关键资源稳定掌握的方法。资源依赖理论强调组织体的生存需要从周围环境中吸取资源，需要与周围环境相互依存、相互作用才能达到目的。它包括三层含义：组织与周围环境处于相互依存之中；除了服从环境之外，组织可以通过其他选择，调整对环境的依赖程度；环境不应被视为客观现实，对环境的认识通常是一个行为过程。

1. 资源依赖理论的主要内容

（1）资源依赖理论的重要假设

资源依赖理论属于组织理论的重要理论流派，是研究组织变迁活动的一个重要理论。它萌芽于 20 世纪 40 年代，在 70 年代以后被广泛应用到组织关系的研究。它与新制度主义理论被并列为组织研究中两个重要的流派。

资源依赖理论提出了 4 个重要假设：组织最重要的是关心生存；为了生存，

组织需要资源，而组织自己通常不能生产这些资源；组织必须与它所依赖的环境中的因素互动，这些因素通常包含其他组织；组织生存建立在一个控制它与其他组织关系的能力基础之上。

资源依赖理论的核心假设是组织需要通过获取环境中的资源来维持生存，没有组织是自给的，都要与环境进行交换。普费弗提出，应当把组织视为政治行动者而不仅仅是完成任务的工作组织。

（2）资源依赖理论的主要观点

资源依赖理论认为，各企业之间的资源具有极大的差异性，而且不能完全自由流动，很多资源无法在市场上通过定价进行交易。比如组织才能，它们以惯例为衡量尺度，可能比机器设备等有形资源在市场上带来更长期的竞争优势。但是，它却不可能从市场上购买。与此同时，相对于企业不断提升的发展目标来讲，任何企业都不可能完全拥有所需要的一切资源，在资源与目标之间总存在着某种战略差距。因此，为了获得这些资源，企业就会同它所处的环境内的控制着这些资源的其他组织化的实体之间进行互动，从而导致组织对资源的依赖性。因为这种依赖性，组织会试图支配他们的环境，并计划它们对偶发事件的反应，努力追求亲密的关系，避免对市场的依赖和对技术化的机会的依赖。

组织会因为环境的不确定性和缺乏足够的资源而去追求更多的资源，以保障自己的利益，减少和避免环境变化带来的冲击。正是那些有价值的、稀缺的、难以复制的不可替代的资源的有效利用和理性识别，导致了企业的超额利润及其相互间的差异。那些能够获得较多资源的组织便可以有较大的自主性，并能够影响其他缺乏资源的组织。

该理论认为应将组织的目标集中在资源的特性和战略要素市场上，并以此来解释企业的可持续优势和相互间的差异。企业关于资源选择和积累的决策被认为是一种经济理性，受制于有限信息、认知偏差和不确定。可持续的竞争优势来源于审慎的理性管理、选择性资源的积累和配置、战略性的产业要素和要素市场的不完善。资源的选择和积累是企业内部决策和外部战略因素的函数。资源的选择和配置能否导致企业间的差异依赖于要素市场的不完善性。这种不完善性指关键资源的获取、模仿以及替代的障碍。这些障碍阻止了竞争者获得或复制关键资源的能力，导致了企业间赢利能力和长期差异。通过分析组织怎样以合并、联合、游说或治理等方法改变环境，说明组织不再是为需要去适应环境的行动者，而是要让环境来适应自身。这是资源依赖理论一个鲜明的特点。该理论强调对环境的影响，强调组织间的关系。现实组织行为中，大量的组织合并战略、组织网络行为是组织控制环境资源的实例。比如组织会通过垂直整合来消除与其他组织的共生式依赖；通过水平扩展，吸收竞争者以消除竞争中的不确定性；或者通过多样化的策略，扩展到多个领域，以避免依赖单个领域内的主导性组织等。

2. 资源依赖理论的应用缺陷

资源依赖理论同样存在着必然的缺陷，如下所示。

（1）过分强调企业内部而对企业外部重视不够，因而由此产生的企业战略不能适应市场环境的变化。

（2）其次，对企业不完全模仿和不完全模仿资源的确定过于模糊，操作起来非常困难，而且这种战略资源也极容易被其他企业所模仿。

2.3.3 资源依赖理论的特性

通过对资源依赖理论的分析，可以得到其特性，现将其概括如下：资源依赖理论较多强调组织关注策略性的行为方式，其优点就在于充分给予组织以能动性。在研究组织的变迁行为时，在真实组织行为中，组织的行动会受到多种而非一种驱力的作用，权力依赖是其中的重要动力机制，但是，权力依赖必须与组织成员或组织行动者的价值期待联系在一起，才可以发生组织的变迁。组织的权力分析，组织的制度化、合法化分析，完全可以互相补充而发挥更强的解释力。

与其他的组织理论（处理内部管理战略）不同，资源依赖理论坚持，组织成员的内部行为只有参照外部机构的行为才能得到更好的理解；为组织提供资源的机构，能够、也确实对这些组织发挥巨大的影响力。与其他环境决定论不同之处在于，它包含了更多的组织为回应外部压力形成适应性策略的可能性，强调组织克服资源约束的战略决策空间，描述了组织通过内部结构和过程调整等政治性自主行动，追求组织自身的利益。普费弗进一步提出，一些组织比其他组织更有权力，是由组织间相互依赖的特点或者说由其在社会空间中的位置特性所决定。因此，资源依赖理论更多的是一种观察组织间关系的视角和概念系统，而不是可以操作的方法体系。

资源依赖理论关注的是组织之间的权力问题，在某种意义上揭示了组织自身的选择能力，组织可以通过对依赖关系的了解来设法寻找替代性的依赖资源，进而减少“唯一性依赖”，更好地应对环境。资源依赖理论的重要贡献就在于让人们看到了组织采用各种战略来改变自己、选择环境和适应环境，为我们分析上市公司在财务会计过程中资源依赖和利用策略提供了理论工具，从而揭示了组织与环境的依赖关系。资源依赖理论着眼于组织为了管理与其环境中其他组织的互依性而采取的策略行动。像交易成本理论一样，这一理论强调某些相同的行动约束，但是采取一种更明确的实现管理动机的政治方法，注重于自主和生存之间的权衡。

2.4 动态能力理论

2.4.1 动态能力理论的提出与发展

20 世纪 80 年代初期，占主导地位的战略管理理论是波特的产业组织理论。从 20 世纪 80 年代中后期开始，学者们对竞争优势的研究从重视对外部环境的研究转移到重视对企业内部资源的研究。因此，从企业内部资源角度研究竞争优势的资源基础论开始兴起。但是一些学者开始透过资源这个表面现象，从企业配置和利用资源的能力方面分析竞争优势的来源。当透过这些具体的资源做进一步分析时，人们认识到隐藏在资源背后的开发资源、利用资源和保护资源的能力才是竞争优势深层次的来源。这样一来，在探寻竞争优势来源的过程中，人们的认识又向前迈进了一步，即竞争优势的来源由具体的资源变成了抽象的能力，由此产生了企业能力理论。

普拉哈拉德和哈梅尔（1990）首先提出了核心能力概念，认为企业核心能力具有适用性、价值性、难模仿性，能够成为企业竞争优势的来源。由此掀起了对核心能力研究的高潮。虽然学者们对核心能力理论的研究取得了很多成果，为企业创造和保持竞争优势发挥了很重要的作用，但核心能力存在核心刚性问题，核心能力的核心刚性会给企业带来负价值。在对核心能力的研究中，存在一个潜在假设前提，即环境是静态的。但是，现实环境是在不断变化的，这可能使核心能力无法适应环境的快速变化，而使企业陷入困境。能力理论遇到前所未有的自身发展障碍，不能解释动态市场上企业如何获取竞争优势以及为什么某些企业具有持续竞争优势。基于此思想，蒂斯等（1997）提出了动态能力理论，认为如果企业要在竞争环境中取胜，就必须运用能力，有效地协调、重新配置企业内外能力来应变这些环境，并把动态能力定义为公司整合、构建、重新配置内部和外部能力以应对快速变化环境的能力。动态能力理论适应了企业在快速变化环境中竞争的需要。

动态能力理论的另一个理论起源是学术界对演化理论和动态竞争理论的研究。一些学者把产业组织中的演化理论和动态竞争理论（多竞争理论、行动与反应理论、博弈论等）引入战略管理研究。认为企业应从演化理论和动态竞争理论的观点理解企业定位，企业资源具有动态本质性，企业战略应具柔性，有价值的知识和资源具有短暂性等动态观点。

因此，动态能力理论是在企业演化理论与企业能力理论的基础上发展起来的，是二者的有机整合。动态能力理论对企业如何在超竞争环境中获取和维持竞争优势有重要的意义。

2.4.2 动态能力理论的主要内容及应用缺陷

1. 动态能力理论的主要内容

（1）动态能力理论的重点

动态能力理论重点在于：强调改变导向的能力；强调快速创新、实时反应，强调短期竞争优势，强调目前资源与能力的重整、组合、获取与调适，强调网络型组织，强调本身能力改变的速度与低成本。

（2）动态能力理论核心逻辑分析

动态能力理论的逻辑思维是：外部环境分析→定义新的创新机遇→制定响应新机遇的战略→寻找完成新创新机遇的合作伙伴→合作竞争→新的竞争优势并结束现有合作，即在外部环境分析的基础上，发现和定义新的机遇，并制定出响应的战略，选择暂时、不连续的伙伴来完成特定战略，通过合作竞争，取得新的竞争优势；在完成预定的战略后解散现有的合作，再回到起点去寻找新的创新机遇。通过不断创新来保持企业在超级竞争环境下的持续发展。

基于动态能力理论的战略目标是不断创造新优势。因为在瞬息万变、不可预测的环境下，所有的竞争优势都是短暂的，若固守在保持原有优势上将导致更大的灾难。只有认真地、不断地和出其不意地打破现有平衡，快速响应机会和企业内外资源的重构，形成一系列暂时不相容的新优势，才能保证企业持续的竞争优势。因此，动态能力战略实质是一个创新战略。

基于动态能力理论的战略制定的关键，是分析竞争对手之间的战略互动。该理论认为，在超级竞争环境下，竞争对手之间的动态互动明显加快，竞争互动已成为制定战略的决定因素，只有及时正确地预测竞争对手的战略动态，才能保证自己正确地把握时机放弃原有优势，创造新优势。

基于动态能力理论的战略重点，是企业动态能力的培养，不断创造新的核心能力。这种战略是一种动态战略，整个战略实施过程就是按照灵活性、敏捷性的原则动态设计组织结构和系统、企业内外部资源的动态重构，形成有自身风格的系统，用自己的战略行为创造一个发展和赢利潜力大的空间。

基于动态能力理论的战略目标的实现，需要其他组织的合作来实现。但这种合作是基于时间和任务的合作，与其他组织建立的是一种暂时的、不连续的合作关系，只要任务一完成就解除现有的合作关系。然后，又重新发现新的创新机遇，重新寻找新的合作伙伴，开始新的战略实施。

2. 动态能力理论的应用缺陷

（1）动态能力理论的前提是假设市场的环境瞬息万变、不可预测，而实际上，市场环境在一定的时间内是可以预测的和相对稳定的。

（2）企业不存在可持久发挥作用的核心能力，否定了一个企业核心能力的积累性、路径的依赖性和不可模仿性。

（3）组织间的合作是基于任务的合作，合作的关系具有时间性、暂时性。

2.4.3 动态能力理论的特性

1. 动态能力的特点

（1）动态能力具有开拓性

动态能力理论源自资源基础论，且吸收了核心能力理论的许多观点，因而在特征上与核心能力有相似之处。但动态能力是改变企业能力的能力，并在创新上具有开拓性动力。创新的动力可能是再生性或开拓性的，因为倾向于以具有强烈路径依赖的经验性为基础的再生性动力并不能改变能力中的惯性。企业动态能力不仅关注企业特有的组织惯例，其焦点更是放在克服能力惯性的创新和开拓性能力上。在动态环境中，动态能力崇尚建立开拓性学习能力。开拓性学习能力是为了在长期内向企业提供新的战略观念而进行的侧重于变革的学习。因此，为了企业获得持续竞争优势，需要的是能够进行毁灭性创造的能力。

（2）动态能力具有开放性

建立在开拓性动力之上的动态能力呈现出开放性的特征。动态能力是企业整合了内部知识与吸收性知识的产物。因为吸收性知识在企业内部和外部资源与能力之间起到了桥梁作用，所以动态能力理论强调建立从外部途径吸纳知识的特殊能力。这与强调企业能力内部化积累的资源基础论和核心能力理论有很大的不同。动态能力由于其开放性而显现出灵活性，从而减少了能力中的刚性之不足。

（3）动态能力具有复杂性和难以复制性

在动态环境下的动态能力具有复杂性，因为动态能力建立在企业的流程基础上，而其流程具有复杂性。同时，企业流程的紧密联系性导致组织能力系统在不同层次都表现出一致性，如果改变企业内某些部分流程，就必然会引起其他部分流程的相应改变，在这种情况下，动态能力的复制就变得非常困难了。

2. 动态能力理论对我国企业发展的管理启示

目前我国相当数量的企业还不具备所谓的核心能力，因此在与国外企业的竞争中难以赢得竞争优势。在技术和经营范式不断变革的今天，动态能力理论为我国企业发挥后发优势、追赶国外成熟企业提供了新的思路。

首先，企业的投资重点应向构建高阶能力倾斜。对于处于后发地位的我国企业而言，要缩短与国际巨头的差距，就必须重视吸收国外先进技术后的二次创新，而且必须突破常规的二次创新，这样才有可能抓住新范式转变带来的机遇，赢得竞争优势。

其次，识别我国企业当前的战略态势，结合企业内外部环境的现状与趋势，对企业的发展路径进行战略性调整。在原有范式下处于竞争劣势的企业，通过不断审视自身的战略态势、发展路径，借助资源重组、流程再造、能力重构等机制，就有可能实现与新环境的战略性匹配，进而赢得长期竞争优势。

最后，强化组织学习机制在能力构建中的作用，创建学习型组织。通过强化组织学习机制，创建学习型组织，不但可以提升企业原有的组织能力，而且可以通过能力监控，及时采取纠正措施改进企业的运营规则，从而适应范式变化的要求。此外，通过系统的组织学习，可以增强企业的研发、重构、再造和整合等能力，使得适应能力成为企业的核心竞争力，从而实现跨越式发展，并且在新范式出现时拔得头筹。

2.5　价值链理论

2.5.1　价值链理论的提出与发展

1. 价值链理论的提出

波特于 1985 年在其所著的《竞争优势》一书中首次提出了价值链的概念，并被当今先进管理思想者所采用，已经成为研究竞争优势的有效工具。

波特认为，“每一个企业都是在设计、生产、销售、发送和辅助其产品的过程中进行种种活动的集合体。”所有这些活动可以用一个价值链来表明。企业的价值创造是通过一系列活动构成的。波特的价值链通常被认为是传统意义上的价值链，把企业内外价值增加的活动分为基本活动和支持性活动，基本活动涉及企业生产、销售、进料后勤、发货后勤、售后服务；支持性活动涉及人事、财务、计划、研究与开发、采购等，基本活动和支持性活动构成了企业的价值链。

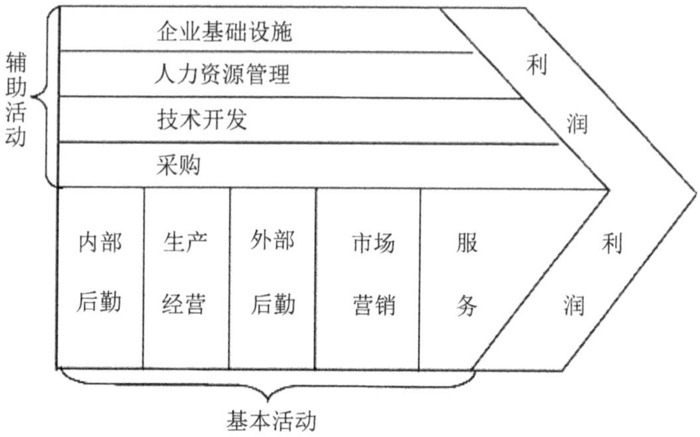

图 2–3　波特价值链

不同的企业参与的价值活动中，并不是每个环节都创造价值，而是只有某些特定环节的活动才真正创造价值。这些真正创造价值的经营活动，就是价值链上的“战略环节”。企业要保持的竞争优势，实际上就是保持企业在价值链某些特定的战略环节上的优势。波特的价值链被看作是传统意义上的价值链，它较偏重于以单个企业的观点来分析企业的价值链活动、企业与供应商和顾客可能的连接以及企业从中获得的竞争优势。

波特的“价值链”理论揭示，企业与企业的竞争，不只是某个环节的竞争，而是整个价值链的竞争，而整个价值链的综合竞争力决定企业的竞争力。用波特的话来说:“消费者心目中的价值由一连串企业内部物质与技术上的具体活动与利润所构成，当你和其他企业竞争时，其实是内部多项活动在进行竞争，而不是某一项活动的竞争。”

从波特有关战略的观点看，这些活动本身的不同方式以及其不同的组合方式，就是不同公司战略的本质所在（波特，1996）。波特将价值创造活动分为两个层次，其一为基本活动，它直接创造价值并将价值传递给顾客；其二为支持活动，它为基础活动提供条件并提高基本活动的绩效水平，它不直接创造价值。具体如下：

（1）基本活动。内部后勤：与接受、储贮及原材料有关的活动；生产经营：将输入转化为最终产品的活动；外部后勤：入库、储贮及发货等将产品送交购买者的活动；市场营销：吸引顾客来购买并为他们提供方便的活动；服务：提高或维持产品价值的活动。

（2）支持活动。采购：购买价值链所需的输入；技术开发：用以提高产品价值及生产过程效率；人力资源管理：招聘、雇佣、培训员工发展其技能；基础设施：总体管理、计划、财务、会计、法律、质量管理、公共事务等。

2. 价值链理论的发展

（1）彼得·海因斯对波特价值链理论的发展

波特的价值链通常被认为是传统意义上的价值链，它偏重于以单个企业的观点来分析企业的价值活动、企业同供应商和顾客之间的联系以及企业从中获得的竞争优势。这一观点最初基于制造业，价值链被看成是一系列连续完成的活动，是原材料转换成最终产品的一系列过程。伴随着产业的升级以及服务业的兴起和发展，出现了新的价值链观点，即把价值链看成是一系列群体（包括企业的供应商、合作者和顾客等）通过协作来共同创造新价值的过程；企业的发展不再只是单纯地增加价值，而是要重新创造价值。在这样的价值链系统中，价值已不再受限于产品本身的物质转换。

彼得·海因斯是新价值链观点的代表作者之一。他将波特的价值链重新定义为“集成物料价值的运输线”。海因斯的价值链与传统价值链相比，最主要的差别体现为两者作用的方向相反：海因斯所定义的价值链把顾客对产品的需求作为生产过程的目标和终点，把利润作为满足这一目标的副产品。

其次，海因斯把材料供应商和顾客纳入他的价值链。这意味着价值链上的成员在不同的阶段包含不同的成员。这不同于波特的分析，波特的价值链只包含那些与生产行为直接相关或直接影响生产行为的成员。

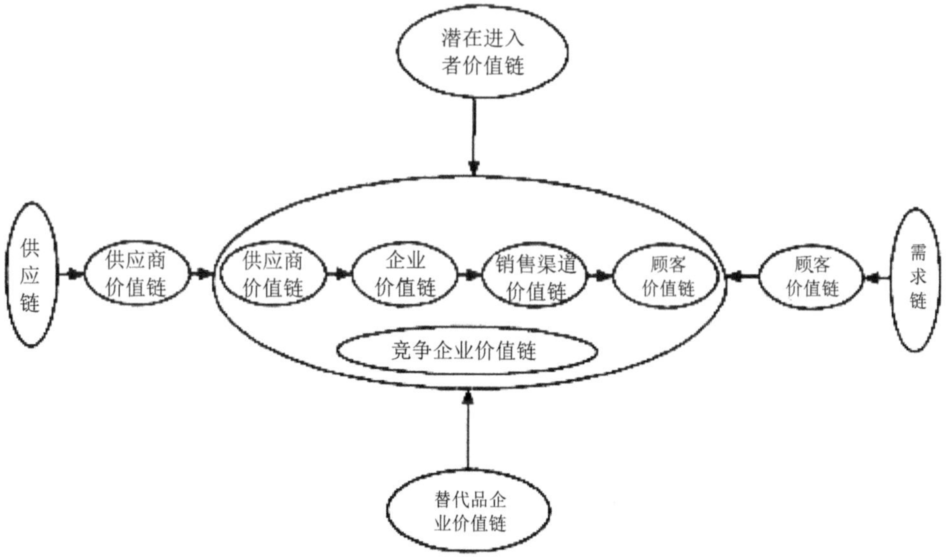

图 2-4　彼得·海因斯对波特价值链的发展

（2）虚拟价值链的提出及发展

随着信息技术的发展，杰弗里·雷波特和约翰·斯维科拉于 1995 年提出了

“虚拟价值链”的观点。他们认为，当今每个企业都是在两个世界中进行竞争。一个是管理人员看得见、摸得着的实物世界，另一个则是由信息构成的虚拟世界。虚拟世界的存在引发了电子商业这一改变企业传统生产方式的新的价值创造的场所。

企业在这两个世界中通过不同的价值链进行价值创造活动。在实物世界中，企业通过传统意义上的实物价值链创造价值；在虚拟世界中，企业通过虚拟价值链来创造价值，即通过信息的收集、组织、选择、合成与分配这五个环节来增加原始信息的价值。虚拟价值链的价值增值过程与实物价值链不同。实物价值链依托于一系列线性连续的活动，而虚拟价值链则表现为非线性的、有着潜在输入输出点的、呈矩阵分布的活动。虚拟价值链可以作用于实物价值链的每一个阶段，水平地使价值增值。换句话说，企业可以通过将实物价值链上的每个环节结合到它的虚拟价值链上来创造价值或开辟新的市场。

（3）价值网理论的出现

互联网的广泛运用推动了一些学者对一种新型的价值链进行探讨。这种新型价值链不同于以往的由增加价值的成员构成的链条，它是一种由虚拟企业构成的网络，会经常改变形状，包括扩大、缩小、增加、减少、变换或变形，被称之为价值网。在价值网中，每一个虚拟企业本身就像一个小型网络。它由所有的成员企业（包括合资、附属子公司）和合作伙伴组成，可以简单地将一个虚拟企业想象成总体价值网络中的一个子价值网。这个子价值网包含了传统价值链的所有元素。

我们知道，传统的价值链无法推动它的成员开发有利于他们按当今市场要求的速度创造价值的统一的结构设施，而价值网的出现促进了所有成员在统一基础上的联系，这种联系可以使各成员按日程表合作，共享资产（包括数据、信息和知识），充分利用彼此的互补优势和资源，一起开发、实施和完成业务，比如共同开发利于彼此进行迅速合作的企业基础设施等。这正是价值网观点的重要贡献。

（4）知识价值链理论

美国学者霍尔萨普尔和辛格先生仿照波特的价值链模型提出了他们的知识

价值链概念模型，包括主要活动功能（领导、合作、控制和测量）和辅助活动功能（知识获取、选择、生成、内化和外化）两部分，四个主要活动生成知识产出，四项辅助机制促进知识学习，共同创造价值，提升组织竞争力。钦奇伊利等也模仿迈克尔·波特的价值链建立了知识价值链模型。他们的知识价值链由两部分组成：知识管理基础和知识过程管理。知识管理基础包括知识主管和管理、知识工作的招聘、知识存储能力和顾客/供应商关系；知识过程管理由知识获取、知识创新、知识保护、知识整合和知识分散组成。此外，陈永龙构建的知识价值链整合模型由知识投入、知识活动和产出价值三部分构成，该模型表明了知识的增值过程。陈永龙（2004）的知识价值链是一个整合模型，主要以德鲁克（2002）提出的知识工作者与下一个社会、波特（1985）的价值链、野中郁次郎（1995）的知识螺旋、卡普兰和诺顿（1990）的平衡计分卡与加德纳（1995）的多元智力理论所推演而成。

（5）全球价值链理论

世界经济的一体化与跨国公司生产经营的全球化使得全球价值链理论应运而生，并成为当前研究跨国生产经营活动的开展和利益分配的有效工具。如前文所述，波特早期提出的价值链理论主要是针对单个企业，包括后来出现的将所有经营活动囊括于一身的所谓垂直一体化的公司。随着国际外包业务的开展，波特开始突破公司的界限，将视角扩展到不同公司之间的经济交往，提出了价值体系的概念。这与目前统一起来的全球价值链的概念基本一致。全球价值链包括四个维度：投入—产出结构、空间布局、治理结构和体制框架。其中，投入—产出结构是指价值链的基本结构，它在传统的物质流基础上进一步结合了知识和技术流；空间布局是描述价值链基本结构上的各个环节在跨越国界后形成的国际化布局；治理结构是指价值链中发挥主导作用的成员在对价值链各环节进行统一组织和协调过程中形成的治理结构，它决定了价值链的运行机制；体制框架主要是指价值链所处的国内和国际的体制背景（包括政策法规、正式和非正式的游戏规则等），它在价值链的各个节点上对其产生影响。在全球价值链理论下，不同企业可以通过分析各自在价值链中所处环节的决定性因素来制定各自不同的发展战略。

2.5.2 价值链理论的内容及应用缺陷

1. 价值链理论的内容

价值链（value chain）理论是剖析企业核心竞争力的一种基本工具，它是一种系统性研究企业竞争优势的方法。企业在一个特定产业内所进行的各种业务活动组合构成了企业的价值链。价值链在经济活动中是无处不在的，上下游关联的企业之间存在行业价值链，企业内部各业务单元的联系构成了企业的价值链，企业内部各业务单元之间也存在着价值链联结。价值链上的每一项价值活动都会对企业最终能够实现的价值大小造成影响。

价值链理论，通过差别分析和成本分析，找出公司在价值生产过程中的利弊，是评价企业竞争优势的一种新的战略工具。按照价值链理论，竞争不是发生在企业与企业之间，而是发生在企业各自的价值链之间，只有对价值链的各个环节实行有效管理的企业，才有可能真正获得市场上的竞争优势。将价值链理论引入企业的战略管理中可以帮助企业建立更加完善的决策支持系统，对提高企业的管理水平和效果具有十分重要的理论与现实意义。

2. 价值链理论的研究及应用缺陷

（1）实践证明，随着知识经济的发展，从企业内部业务流程研究入手的传统价值链理论已经不能解决培育核心竞争力的问题，无法适应企业竞争的需要。在知识经济时代和在知识经济理论的指引下，价值链理论已从原先的聚焦实体形态价值链到现在的聚焦知识形态价值链，主要的战略定位和核心竞争优势应定位在虚拟的知识价值链上，这是价值链理论适应知识经济时代的必然要求。

（2）国内外很多研究只是围绕价值链的增值和优化活动，缺少长期发展的大局观和整体观，知识管理没有发挥应有的指导作用。其出发点都是构建企业短期竞争优势，真正获得和维持企业持续竞争优势出发的研究不多。

（3）国内外价值链的研究还是比较散，没有形成完整的理论体系，尤其是企业的价值链优化方面还是处于空白，缺少实证研究。

（4）价值链的研究很多局限于概念上的探讨，缺少深入的定量研究，过多的定性研究缺少科学性，定量和定性的研究没有很好地结合起来，效果不佳，同时缺少价值链的评估模型研究。价值链优化的效果需要评估得到反馈，才能更好地改进价值链。同时，学界对生产者驱动的价值链研究相对较少，对关键增值环节的定性研究有待增加。这是价值链研究得以深入的一个重要环节。

目前，价值链研究的重点是研究传统价值链的变化、发展和应用。但是我们可以看出，传统价值链理论也有一些不适合现在快速变化环境的部分。

3. 传统价值链分析存在的缺点

（1）传统价值链分析注重成本优先而强调分析怎样在运行中控制成本，却忽视了长期利润驱动有时反而须增加成本的可行性分析，即使在企业陷于困境时也是如此。

（2）传统价值链分析因注重价值创造而寻求怎样增创收入和扩展在行业中的市场份额，却忽视了总收入增长和市场占有率增长并不意味必然导致利润增长。市场有时固然重要，但利润份额更重要。不重视利润份额的分析会导致公司战略管理的盲点，那些收入份额虽低而利润份额却高的业务从而丧失一些诱人的盈利机会。

未来价值链研究的主要方向有：充分利用信息技术、互联网技术重构价值链；应用价值链方法对企业竞争力进行评估研究。研究价值链的互动性，建立具有反馈传递的网络式评价模型，以及动态的评价模型，是价值链研究的一个方向。

在经济全球化下，企业获取和配置资源、参与竞争的方式已经打破了以往的地理区域和行业领域的限制，企业必须直面国际竞争。资源配置全球化和国际生产体系为企业的发展带来的是机遇也是挑战，关键在于企业是否具备利用国际分工来整合企业内部、外部（即全球资源）的能力。

2.5.3 价值链理论的特性

（1）充分了解企业的资源状态

企业制定战略首先要了解自身的资源状况，只有明确企业现有资源的分布和利用状况，才能了解企业当前的优势劣势，才能知道如何将资源有效地投放到对企业发展边际贡献最大的环节，从而为企业制定更加合理的战略方案。从本质而言，企业就是把原始投入资源转化为产品或服务价值的系统。企业每一项价值活动都是在输入资源上提升价值的过程，而价值链又是所有过程的有机集合体。正因为价值链是企业资源的转化机构和使用载体，所以通过价值链理论分析，我们能充分了解企业的资源状态，从而为制定正确的发展战略创造良好的先决条件。

（2）内部信息网络的合理构建

企业活动离不开信息，良好的信息交流是企业健康发展的重要标志，而信息的畅通交流需要网络构架的保障。所以，构建合理的内部信息网络已成为企业战略规划必不可少的内容。要在各级战略中设计出合理的信息网络，就必须了解企业信息的分布与动态。价值链理论为企业提供了信息流的运动空间和路径。各种价值活动的相关信息分布在价值链的各个区段，并依托价值链所构造的网络平台不断传递交流。依托价值链理论，企业能够提高线索采集和筛选信息的效率。企业职能部门之间的信息网络以价值链方式设计和创建，可以在很大程度上促进企业内部的良好沟通。根据价值链理论，决策者可以全面及时地把握企业系统的各个部分和各种活动的信息状态，从而在各级战略中设计出高效稳定的信息网络。

（3）深入认识企业内部的系统关联

企业是一个内部紧密相连的有机系统，各部门和各业务活动之间息息相关。任一部分的活动都将或多或少地影响到其他部分的运作，因此，战略的制定不仅要考虑企业各单位内部的运营情况和各业务本身的活动状态，还应高度重视它们之间的系统关联。只有深入了解企业内部的各种关联，才能充分认识企业的整体性和系统性；对某些系统关联的改善和重建，将会降低运营成本和提高工作效率，并使企业静态机构和动态业务之间能真正做到有机衔接、高效互动。无论是企业

为强调开放式创新的动态性，一些学者从企业实施开放式创新的流程视角对其做了解释，并将其视为一系列活动的集合体。如切萨布鲁夫（2006）认为开放式创新是有目的地利用知识的流入与流出，以促进企业内部技术创新、扩大市场范围的过程；利希滕塔尔（2011）则将开放式创新视为企业通过创新过程系统地进行内外部的知识开发、知识保持和知识利用的活动。此外，由于开放式创新的概念是基于技术创新提出的，因而学者们普遍从技术层面对其进行解释。随着开放式创新理论的发展，对开放式创新的认识已超越了技术层面，有学者将其视为一种哲学或认知模式（韦斯特，2006）。韦斯特等（2006）认为开放式创新不仅是一些受益于创新的实践活动，也是一种创造、转化、研究这些实践的认知模式。在封闭式创新下，企业一直存有对创新绝对控制的心态，这种心态促使企业高度地自力更生；“如果想要把一件事情做好，那必须亲自去做这件事”成为企业的信条（切萨布鲁夫，2003）。而开放式创新需要企业以开放的心态对多样化的开放式创新实践进行梳理，扩大它们的应用范围。归纳起来，国外有关开放式创新的定义主要有以下三个视角。

一是知识视角，强调内外部知识对企业开放式创新的作用。佩宁（2008）认为切萨布鲁夫（2006a）的开放式创新定义与分散创新（贝克尔，2001）、非整合创新、模块创新（布鲁斯和普林塞浦，2001）、网络创新、合作创新是同义词，该定义对企业如何吸收外部知识考虑不够。然后他从知识角度重新定义了开放式创新，给出了开放式创新的三个维度构面：企业自愿公开知识（冯·希佩尔和冯·克罗，2006），公开的知识是开放的，所有感兴趣的个人或组织都可以免费获得该知识（佩宁，2008）；利益相关者之间存在互动。然而按照佩宁的这一定义，似乎只有开源软件才符合，尽管他也列举了诸如人类基因组计划等例证，但总体上来说还是显得有点极端。而且冯·希佩尔（2005）认为开放式创新与分散式创新之间有差异，创新分散并不代表它就一定是开放的。

二是组织视角，突出开放式创新对组织边界的跨越。切萨布鲁夫（2003 年）提出开放式创新是一种范式，采取开放式创新的企业能够而且应该利用外部和内部创意，并在技术发展过程中利用内部和外部途径。韦斯特和加拉格尔（2006 年）视开放式创新为企业层面包括知识产权生产、获取和利用的一个强有力的框架，他们借鉴科恩和利文索尔（1990）的观点定义开放式创新，认为开放式创新是企业寻找广泛的内外部创新机会、有目的地将外部探索与企业能力和资源相结合、并通过多种渠道利用这些机会的一种系统努力。关于开放式创新参与主体的内外分类也体现了这一研究视角。

三是流程视角，关注重点是开放式创新帮助企业构建创新的框架系统。切萨布鲁夫（2006 年）认为开放式创新是有目的地通过利用流入和流出知识，以加快内部创新和扩大内部创新外部应用市场的两个独立过程；其中前一个过程是输入式开放创新，后一个过程是输出式开放创新。这也是目前国外认同度最高和最广泛的一种开放式创新定义。利希滕塔尔（2008b）定义开放式创新是在对企业内部和外部动态能力系统的依赖基础上沿着创新过程完成重要技术的管理任务。范德弗兰德和德曼（2011）则从开放式创新与供应链管理（SCM）对比的角度，提出开放式创新是研究企业如何得以进入新的知识领域并开发利用该知识的过程。国内对开放式创新的定义也经历了从单向（输入）向双向（输入和输出）和多向（输入、输出和内部转化）的转变。陈劲和陈钰芬（2006b）定义开放式创新为一种吸纳更多的创新要素，形成以创新利益相关者为基准的多主体创新模式。在此基础上，陈钰芬（2008a）把开放式创新的定义拓展为双向的过程："开放式创新模式是指企业在技术创新过程中，同时利用内部和外部相互补充的创新资源实现创新，企业内部技术的商业化路径可以从内部进行，也可以通过外部途径实现，在创新链的各个阶段与多种合作伙伴多角度的动态合作的一类创新模式"。后来，陈钰芬和陈劲（2009）抛开了从创新过程定义开放式创新的做法，提出了综合性更强的开放式创新定义：开放式创新主要是通过获取市场信息资源和技术资源，以弥补企业内部创新资源的不足，进而提高创新绩效的一种创新模式。

无论国外还是国内，有关开放式创新的定义都包含两个基本的过程：输入和输出，这也是"开放"一词所具有的本质含义。从研究的主题出发，本书认同切萨布鲁夫（2006a）的开放式创新定义，兼顾开放式创新过程中对组织边界和组织内部门边界的跨越、以及不同类型和来源知识的利用。

2.6.2 开放式创新理论的内容及应用缺陷

1. 开放式创新理论的内容

目前对开放式创新理论的划分包括单维度和多维度两类方法。

在单维度方法中，学者们主要依据资源/知识在组织内外的流向划分出内向（outside-in）、外向（inside-out）、双向（coupled）三类模式。内向开放式创新指企业从外部获取技术或信息，包括与上下游企业合作、嵌入外部知识网络、投资新创企业以跟踪潜在的技术机会、技术外包、购买外部知识产权等；外向开放式创新指企业将内部技术通过外部途径实现商业价值，包括技术衍生企业、技术的外部授权、技术服务。

研究发现，双向模式（合资、联盟等）在技术变化很快的行业（如电子电气、信息技术）中比较普遍，技术较为成熟的行业（如皮革、木材和印刷业）更重视内向模式，而新兴的高技术小企业由于缺乏技术商业化所需的互补资产更倾向外向模式。目前学者们比较关注内向模式，对“从内到外”过程的研究还不多。

在多维度划分中，学者们综合考虑了知识来源、资源整合、组织间关系等将开放式创新归为三类：

（1）价值链纵向资源整合。一是用户创新。企业为了提高新产品的市场接受程度，在新产品开发过程中重视与用户尤其是领先用户一起创建技术创新价值网络，通过在线的创意管理或共同体鼓励用户参与新产品的早期设计和原型开发。二是供应商的早期参与。这将从减少项目的复杂度、提供额外的人力资源以缩短新产品开发路径、减少返工和降低成本、及时完成开发项目等方面给制造商带来巨大利益。

（2）创新链横向资源整合，即产学研协同创新。薛澜等（2011）认为，从科研单位脱胎、由科研人员自行创建的企业，为传统的产学关系增添了新的内涵。

何郁冰（2012）归纳了企业与大学、研发机构联结的多种方式，包括公私营联合研究网络、科研合同、发放许可证、联合发表论文等。

（3）产业链多元资源整合，包括企业间合作创新、技术并购。于开乐和王铁民（2008）指出，技术并购的优势是企业能快速获得进入新的产品市场所需的技术资源和品牌渠道，研发投入成本相对较低；比安基等（2011）认为，战略联盟是合作创新中最常见的方式，近年来向网络化、国际化方向发展，管理的难点是如何处理知识产权、合同冲突、联盟结构以及如何协调不同类型的主体等问题。

2. 开放式创新理论的应用缺陷

（1）开放式创新模式下的创新资源整合

开放式创新的本质是内外创新资源的融合和集成。广义的创新资源涵盖了创新系统的各个方面，它涉及的不仅仅是单个企业，而是整合社会资源系统及其与企业技术创新活动之间交互作用的关系中表现出来的资源利用特征。狭义的创新资源仅指直接参与企业技术创新活动，并对创新成果的形成起决定作用的各类物质和非物质资源。张震宇、陈劲提出企业技术创新活动所必需的创新资源包括人、财、物、技术和信息，并通过与封闭式创新的比较提出开放式创新条件下企业利用创新资源的特征，以此为依据对创新资源的搜索获取、整合利用、保持流动与更新四项创新资源管理内容进行了探讨，构筑了全新的企业创新资源管理体系。企业要应用开放式创新体系，必须要吸纳更多的创新资源，形成以创新利益相关者为基准的多主体创新模式。开放式创新是将各种创新要素互动、整合、协同的动态过程。未来对开放式创新模式下的资源整合有待进一步研究。

（2）开放式创新成果交流和转化——构建网络平台

开放式创新成功的关键，在于通过组织内外网络平台的搭建、创新互动过程中各行动点的无缝衔接，以使成员发挥创意与创造力。一方面，通过行业协会、企业家协会、产业俱乐部、技术联盟等方式搭建国内企业之间、国内企业同跨国企业及高等院校、科研机构间的技术、创新成果交流平台；另一方面，构建提供创新成果需求和供给信息服务及创新成果交易服务的网络平台，如建立技术经纪人队伍，建立和完善技术、专利、知识产权交易市场等，形成知识、技术、专利等流入流出畅通的机制，促进内向型开放式创新与外向型开放式创新的协同发展，提升企业创新能力。

（3）开放式创新体系中政府角色定位

政府在开放式创新体系中，既是开放式创新的参与主体，又是外部环境优化的政策制定者。政府的角色定位，对于开放式创新的环境影响极大，政府作为经济活动的主要参与者，利用行政权力和行政机制干预企业的行为。如政府制定的政策并在某些领域给予的支持是企业创新的重要导向，特别是对国家战略调整产业中的企业技术创新具有很强的推动作用（张赤东，2013）。此外，一些产学研联盟、产业创新联盟亦是由政府主导形成。

（4）开放式创新推进企业商业模式创新

开放式创新范式要求企业创新商业模式或在现有商业模式的基础上充分发挥外部商业渠道的作用。一方面，在产品应用开发阶段创新商业模式，通过与供应商、领先用户及相关企业的紧密合作，及时获得技术、产品的应用反馈，可改善企业未来的创新；另一方面，进一步创新财税金融支持方式，通过创业投资基金、风险投资基金等有效引导和发挥社会投资的作用，可以以完善的市场机制激励企业创新。企业应该把握开放式创新环境带来的机会，构建新的商业模式并使其持续创造价值，最终促进创新网络和创新生态系统发展。

2.6.3 开放式创新的特性

封闭式创新（closed innovation）是指企业依靠内部持续的高强度的技术研发获得强大的竞争优势，即企业通过自身基础和应用研究产生新创意和开发新产品，通过内部渠道确保对技术、知识产权的严格控制和垄断，以维持其核心竞争力。该模式依据的条件或背景是技术外溢困难、员工流动性低、知识传播不快、消费者和供应商缺乏足够的专业知识、风险投资不发达、企业对高校及科研机构的作用重视不够等。

封闭式创新模式的本质是，封闭的资金供给与有限的内部研发力量结合，其目的是保证对技术的独享和获取垄断利润。该模式对企业研发能力要求很高，一般采用企业中央实验室的形式，如美国国际商用机器公司的沃森实验室、杜邦的杜邦实验室、施乐的帕洛阿尔托研究中心、惠普的中央实验室等。其强调企业是有边界的，且边界是封闭不可渗透的，同时认为企业研究部门与开发部门是隔离的，前者是成本中心，后者是利润中心。

在相当长一个时期内，传统的封闭式创新模式在企业发展中起着至关重要的作用，并获得过巨大的成功。这主要归因于企业内部研发的“良性循环”：企业研发投入→基础性、应用性技术突破→新产品和服务的推出→通过现有模式获得高额利润→追加研发投入。然而，在信息技术和知识飞速发展和广泛传播的背景下，封闭式创新的这种良性循环逐渐被打破，并由此产生了一种新的创新范式——开放式创新模式。

封闭式创新的主要动力来自内部研发，内部研发组织是公司非常有价值的战略资产，企业通过建立自己的实验室或研发中心，在企业内部进行研发、生产、销售，并进一步提供售后服务和财务金融支持，以此获得产品在市场上的垄断地位，从而得到超额的边际利润。内部研发组织是企业有价值的资产，是企业提升核心竞争和维持竞争优势的关键所在。

开放式创新基于具有不同知识资源应用逻辑的知识生态，它不仅把创新的目标寄托在传统的产品经营上，还积极通过外部的合作研发、技术许可、委托研究、技术并购、战略联盟或者风险投资等方式，经济有效地获得适合本企业经营业务的创新资源，以降低获得技术创新的成本和风险，提高企业的经营绩效。开放式创新加快了企业创新的速度，提高了创新成功率，降低了创新风险，已成为世界上许多著名高科技企业进行创新范式变革的不二选择。

表 2-2　封闭式创新与开放式创新对比

封闭式创新	开放式创新
本行业里最聪明的员工为我们工作	并非所有的聪明人都为我们工作，我们需要和企业内外部的所有聪明人合作
为了从研发中获利，我们必须自己进行开发创造、开发产品并推向市场	外部研发工作可以创造巨大的价值，而要分享其中的一部分，则必须进行内部研发
如果我们自己进行研究，就能最先把产品推向市场	我们不是非要自己进行研究才能从中受益
最先将创新商业化的企业将成为赢者	建立一个更好的商业模式要比贸然冲向市场好得多
如果我们创造出行业中最多最好的创意，我们必将胜利	如果我们能充分利用企业内外部的创意，我们必将胜利
我们必须控制知识产权，这样竞争对手就无法从我们的创意中获利	我们应当通过让他人使用我们的知识产权而从中获利，同时应当购买别人的知识产权，只要它能够提升我们的商业模式

相对于封闭式创新，开放式创新依据的条件和前提是员工流动性增加，信息技术、互联网及高等教育的发展，知识和技术溢出速度加快，产品和服务商业推广加速，技术生命周期变短，研发风险加大，企业利用专业知识壁垒获利的能力减弱等等。

与封闭式创新不同，开放式创新模式不再明确区分创新源于组织内部还是组织外部，对外部创新和外部商业化推广与内部创新及内部商业化推广给予同等重视。其目的是以最小的成本和最快的速度实现创新成果转化，以期获得最大利润。因此，开放式创新在利用传统研发模式的同时，还努力寻求外部渠道进行研发和商业推广，如采用合作研发、技术许可授权、研发外包、网络创新、产学研合作、供应商与用户创新及风险投资等。该模式强调组织的无边界化，认为组织边界是松散的、可渗透的，从而允许组织内外部资源的双向流动，并将企业的研究部门与开发部门看作战略目标高度一致的有机体。

2.7 组织间关系理论

2.7.1 组织间关系理论的提出与发展

从组织间关系特性分析可知，组织间关系是一个不断进化的过程，由于不同阶段的进化动力不同，可将组织间关系理论的进化过程分为三个阶段：基于威胁的进化阶段、基于知识的进化阶段和基于信任的进化阶段。

1. 基于威胁的进化阶段，这是组织间关系进化的早期阶段

所谓基于威胁的进化是指组织间产生关系时，机会主义行为将导致其成本大大高于其收益，交易一方因担心失去机会或担心声誉的损失而采取值得信任的行为方式。基于威胁的组织间关系的进化与惩罚的危险程度有关，即若关系一方不履行其承诺的任务，它将受到制裁和惩罚，同时若其能履行承诺将得到相应的回报。在建立交易关系之初，彼此不熟悉、信息不完备，惩罚的威胁比承诺的回报更有显著的激励作用，此时的组织间关系进化的动力在于威胁。因此，这个阶段的组织间关系称为基于威胁的组织间关系，它是组织间关系进化的基础，因为企业不仅害怕失信受惩罚，而且其回报也源于保持信任。因此组织强调从实用主义考虑，计算守信与失信的收益与成本，只要守信的收益大于失信，就可以采用发展彼此间的关系行为的措施。

2. 基于知识的进化阶段，这是组织间关系进化的发展阶段

所谓基于知识的组织间关系就是在过去的交易中，彼此之间都充分了解进而产生相互信任的关系行为。这种关系行为源于彼此充分了解并且相互间有信心，因此，相互了解和可以预测彼此未来的行为是这个阶段组织间关系进化的核心。随着关系的发展，彼此之间重复交易和相互作用、共享信息和经验，通过多次的磨合、协调、沟通，彼此之间可以应用知识来准确预测对方的行为，从而加强相互信任，促进关系的进化。由于这个阶段组织间关系的进化有赖于双方的了解和

知识，故称为基于知识的组织间关系进化阶段。这是组织间关系进化的关键阶段。

3. 基于信任的进化阶段，这是组织间关系进化的成熟稳定阶段

所谓基于信任的进化是指组织间彼此相互信任、有共同的价值观和行为准则、在道德责任等方面有共同认识，这是组织间关系进化的最高层次。这一阶段关系进化的动力来源于认同感和信任感，故称为基于信任的进化阶段。在这一阶段，理解彼此之间的需要和追求、有共同的价值观和目标追求、遵守共同的关系行为标准和规范，由此导致各方都能自愿地为他人而行为，产生利他主义行为，相互间就像一个统一的实体。

组织间关系管理对象在由组织内部向组织外部延伸发展的过程中，形成了虽然明晰但却由简单到复杂的层次性，即独立企业之间，以及独立企业与供应链、网络组织之间的多层次关系。以独立企业组织为视角，并将之作为结点，这些关系涉及以下多种类型，并在这些层面间形成更为复杂的多层次网络关系。

（1）点—点关系

信息时代的来临及分工的不断深化，使得组织中初始委托人和终端代理人之间的信息不对称问题更加严重。同时，信息技术的广泛使用、市场机制的逐渐完善使得交易成本不断下降。在两股力量的共同作用下，企业开始跨越实体边界进行能力与资源整合，企业的运作从有边界趋于无边界。本质上说，无边界企业运作的核心不在于企业的市场化，而在于企业与市场的相互融合，企业之间基于信任与承诺的依赖关系成为企业价值的重要源泉。在企业能力边界的两边，知识流、信息流、物质流的双向流动构成了两企业之间的点—点关系。从实体资产的跨边界流动看，资产专用性引起的锁定会强化点—点关系中的契约与非契约协调，从而在具体经营模式上更加倾向于规则协调机制。从知识、信息等隐性资产的流动看，跨组织的知识融合能够强化产品设计信息的复杂性，进而催生组织间深度协作的需求，因此，也会加速关系的固化。

（2）点—链关系

供应链的提出，从根本上改变了企业的战略思维，将企业的能力重心从内部

生产转移到与供应链上下游企业的链条整合上来。直观地说，企业与供应商、顾客之间的协作关系外显为点—链关系，以该企业为基点，与整条供应链之间开展物质与知识的交换。这种关系中的企业之间保持着相对稳定的竞合与交易秩序，每个生态位上都聚集着少数几个相互竞争的企业，相应维持着生态链（供应链）的平衡。可以说，这种关系是一种客体对主体的寄生关系，作为结点的企业需要依附于特定的生态链，并对链条内的协作方式、交易文化、集体默会知识等具有较强的认知。一旦脱离链条，将使得企业交易成本急剧上升，同时还存在交易受阻的风险。因此，这种关系对生态链中的企业具有锁定效应，进而确保了生态链上各个企业的长期利益。

（3）点—网关系

模块化生产网络的出现，使企业的运营模式从链条向网络进化。在模块化生产网络内，单个或少数几个核心企业作为模块化系统集成商与规则设计者，占据着“微笑曲线”的价值高端。众多的非核心企业在主导规则的协调下，通过集群式竞争赢得核心企业的合作契约。大量跨企业边界的知识流动强化了模块化生产网络的集群效应，单个企业能够通过集成化平台吸收网络内其他任何企业的知识养分，点—网关系因此而形成。实际上，点—网关系的产生需要经历识别、建立与治理三个阶段。企业根据自身资源与能力，与多个相关企业达成共识，集体打造一个模块化生产网络。

网络建构过程同时也是企业与网络关系确立的过程，核心企业掌控网络，拥有核心技术的非核心企业同样对网络具有一定话语权，而合同外包企业则只能是跟随者。模块化生产网络是一个开放的系统，外部企业可以通过竞争赢得“入场券”，并成为网络成员，因此会涉及企业对网络的识别（判断哪个网络能够与自身能力相匹配）的问题。对于在位企业来说，需要面对一个更重要、更长远的课题是如何管理模块化生产网络，即共同治理问题。

（4）多层次网络关系

20 世纪 80 年代，组织间关系开始从单一层面的分析转向将组织视作复杂与相互联系的社会系统。就企业组织看，管理的复杂系统已经从管理对象的外溢以及点、链、网的层次区分得以部分诠释。但是，这两个方面的理解不应是割裂的。百年前学者们开始深入研究企业组织内部管理问题，从而打开了企业的黑箱。目前，管理对象由企业组织内部外溢到组织外部、独立企业组织之间的关系，管理研究却又基本只关注以独立企业组织为单位的点、链、网的关系，企业组织的箱体似乎又被我们关闭了。因此，多层次网络关系管理是在组织间形成的复杂系统下，以岗位、部门为基本管理对象，对组织层面的点、链、网形成的组织间关系进行的深度分析与协调。

总之，组织间关系的进化从基于威胁开始，此时开始产生交易关系，具有不稳定性、风险性和多变性，随着关系的发展，彼此了解和重复交易，促进组织间关系又上升到基于知识阶段，此时，组织间关系处于发展过程；随着交流的增加，相互地共享理想和目标，形成共同的价值观和同一性，遵守统一的行为标准与规范，大大增进彼此间的信任，形成一个紧密合作的共同体，这时，组织间关系就上升到最高层次的基于认同阶段，此时，组织间关系处于成熟稳定状态。

组织间关系的进化过程经历了早期、发展和成熟这三个阶段，不同阶段的组织间关系具有不同的特性，而且能够从一个层次进化到另一个更高的层次。组织间关系的进化过程，实质上反映了嵌入企业之中的关系网络的进化过程，对组织间关系进化过程不同阶段的认识，有利于管理者了解各阶段的特点，采用不同的策略方式，以保证组织间关系的建立与发展，因此需要加强组织间关系的管理。

2.7.2 组织间关系理论的主要内容及应用缺陷

1. 组织间关系理论的主要内容

相关研究人员长期以来通过运用经济学、社会学、战略学、博弈论和组织行为学等多学科来理解和研究嵌入企业之中的组织间关系，但由于组织关系内涵丰富，并且涉及经济、文化、情感、心理和行为等各个方面，因此目前对组织关系还没有统一的关系定义。但是，组织间关系理论具有几个共同关注点：相互作用、交易、社会联系、持续性和两个组织以上。因此可以定义为：组织间关系理论指的是关于企业在社会商业活动中与其他社会组织之间进行的重复性的相互作用和相互交易过程的研究理论，以及关于一系列持续性社会联系活动的知识理论。从定义可知：

（1）组织间关系实质上是合约联系。

其既有正式形式的合约关系，如正常的交易（供应商网络、生产网络）、战略联盟（电信企业联盟网络）、合作研发（产学研合作网络）等正式合约联系，也有非正式合约形式，包括情感的（华人企业网络）、血缘的（家族企业网络）、文化的（日本企业网络）和地域的（硅谷高新技术产业集群）等非正式合约形式。

（2）组织间关系具有历史的依赖性。

组织间关系与其原有的组织间关系和未来的组织间关系相互作用、相互联系，组织间相互作用的历史依赖性在于他们之间前后的联系，而且随其持续的相互作用，组织间关系的相互依赖性会变得更大。

（3）组织间关系的构成具有多重性。

从联结结构上来看，组织间关系包括了多个不同的主体，它们相互联结构成了关系网络；从经济结构上看，执行不同活动的参与者之间在价值网中相互连接、相互作用，完成价值网络活动，形成商业网络；从社会结构看，由于存在不同组织的人员参与，并且有情感、认知、文化、语言等社会现象的联结，因此构成了社会网络。

（4）组织间关系既有显性表现，又有隐性表现。

显性表现体现为具有正式合约的交易关系，如供应合同、代销合同、特许经营和委托研发等正式合约；隐性表现体现为情感、文化、友谊、亲缘、地域等关系，如企业家之间的个人关系、家族关系、老乡关系等，而且这些隐性关系具有不可模仿性、路径依赖性和有价值性，是战略性资源的具体体现。

（5）组织间关系是一个持续性的过程。

没有组织间关系的持续性，组织间关系网络就失去了区别于市场的特征，时间是一个关系性因素，与组织间关系有关的过去的组织关系和将来的组织间关系影响着现在的组织间关系状态。过程性就意味着一个有效组织间关系的培养需要时间，其关系在时间上是连续存在的。组织间关系是网络的基本单位，关系的作用就在于建立长期持续性的组织间联系，特别是对于隐性关系如情感、友谊、信任等关系来说，更是需要时间的考验。

（6）协调组织间关系的原则与方法

①协调原则

协调原则是指务必协调好各组织的利益关系。任何组织都求自身利益，都力图实现自身利益的最大化。不同组织建立联系的首要动力就是组织间合作而得到的利益大于它们为之付出的成本。由于环境的随机性、所有权的排他性等特点使得合作易产生冲突。如果排除导致组织矛盾的不可抗的客观因素，那么影响组织发生冲突的主观因素就是各组织所代表的自身利益，主要是经济利益。总之，要协调好组织间的关系，关键就在于要协调好彼此间的利益关系。

②注重长远利益原则

注重长远利益原则是指既注重眼前利益，又不忘长远利益。组织在经营活动中，虽然必须要考虑自己的当前利益，但同时也必须要顾虑到长远利益，因为只有这两个利益的有效结合，才能保证组织的可持续发展。组织自身要谨记，在与其他组织形成某种利益关系时更应注意，眼光不要只关注到当前问题，而是要有利于自身长远发展。

③坚持求同存异原则

坚持求同存异原则是指找出相同因素，保留不同意见，但重在求同。求同存异不是目的，求同存异之后采取什么行动才是最重要的。组织与组织间要合作，就必须要挖掘共同因素，达成共识。求同存异，要求合作主体相互让步和协调，不能忽视对方的利益要求，并且要清楚地意识到这种让步是必要的，只有这样才能实现合作双方各自的利益目标。组织仅仅从内部进行改革是远远不够的，独自奋斗只能做井底之蛙，组织应当与其他更多组织结成合作网络去适应环境的新变化。同时，还必须使这种关系可持续发展，才能最终促使组织乃至整个社会不断向前迈进。

2. 组织间关系理论的应用缺陷

通过对前人研究的整理和分析，我们可以看出，虽然许多学者都已经关注到组织间关系的构建和互动对组织自身的发展有着重要的作用，但是大多数文章关注的主题比较简单且单一，已有的研究彼此之间比较独立难以形成一个系统的理论体系，已有的组织间关系理论存在着一些应用缺陷。

（1）组织间关系理论主要关注对组织间关系形成的动因、组织间关系类型、组织间关系的潜在利益与风险等方面进行研究，而很少探讨如何有效地建立高效的组织间关系形态、如何对组织间关系进行管理以及如何避免组织间关系带来的风险等。

（2）组织间关系理论缺乏对成功的或者说是高效的组织间关系以及失败的组织间关系的内在品质进行研究与总结，忽视了组织间关系的复杂性与多样性。

（3）组织间关系理论对组织间关系的认识仍停留在传统的静态层面。现有的理论大多是从一种静态的视角出发解释组织间关系问题，却忽视了组织间关系与外部环境的交互作用；分析方法仍然没有脱离传统的比较静态分析范畴，无法有效地对各种经济组织如何进行动态的演化做出解释，由此也就缺少了对不同条件下组织间关系的动态考察。

（4）现有的组织间关系理论处于分散状态迫切需要整合。组织间关系理论模型的整合研究还停留在对不同理论模型进行比较、分类，或者是解构与融合阶段，学术界还没有提出一个新的具有建设性意义的整合性框架。

2.7.3 组织间关系理论的特性

1. 相关性（mutuality），这是组织间关系的本质特性

相关性是指组织间只要能产生相互作用和相互联系，而不管相关程度如何，

组织间关系就能产生和持续。组织间存在不同类型的合约，包括技术的、经济的、计划的、社会的、知识的和合法的合约。这些合约导致组织间的相关程度不同，但其关系均是可持续的。相关性包括相互的信任和承诺、相互的冲突和冲突的解决。组织间关系的性质影响着组织间冲突的出现和处理方式。

2. 长期性（long-termcharacter），这是组织间关系的必要特征

组织间关系的长期性是指一个有效关系的建立和发展需要不断的交易和时间的考验。关系的长期性可以克服交易的机会主义风险、减少未来的不确定性、克服经营的复杂性、增加专有资产的投入，从而增加相互间的信任和承诺。

3. 互动性（interaction），它是组织间关系的核心特征

组织间关系的互动性指的是组织间任何一方的关系行为变化都影响着整个组织关系网络，进而影响到其他组织的关系行为。组织间关系互为函数关系，任何一方关系行为的变化，不仅是其自身能力的函数，也是其他组织关系行为的函数。通过互动过程，组织间关系得以发展、维持或终结，其中互动性是组织间关系不断进化的力量之源，其包括了动态性、交换性、适应性、协调性和价值性。

4. 嵌入性（embeddedness），这是组织间关系的最基本特征

关系的嵌入性是关于组织结点之间如何相互影响、相互影响如何变化的函数。嵌入性说明组织间关系具有明确的且前后联系的社会合约，并且意味着组织间关系不仅具有两元关系，而且存在着与第三方的关系，组织间相互联系构成一个关系网络。

嵌入性的作用主要体现在：信息传递、文化培育、建立集体意志、形成声誉机制，它对组织间关系的建立与发展至关重要。一方面，促进组织之间的协调，另一方面，运用隐含的社会合约发挥社会机制对组织间关系有效运行的作用。

2.8 商业模式创新理论

2.8.1 商业模式创新理论的提出与发展

商业模式创新属于市场经济背景下的一种企业创新活动，它的产生发展受到企业创新规律的影响与制约。研究商业模式创新，不能脱离企业创新活动的大背景，需要将商业模式创新与企业的各种创新活动相联系和比较。

纵观创新理论的产生与发展历程，自 20 世纪初诞生至今，经过不断地丰富和发展，创新理论已经成为当代最为重要的科技、经济与管理相结合的理论之一。如今，世界各国都在运用创新理论与实践获取国家、产业及企业层次上的竞争优势。创新理论本身，也经历了以技术创新、创新过程、制度创新、服务创新和文化创新等为主流内容的阶段性发展，并在现实社会实践中发挥着越来越重要的作用。

1. 创新理论起源—熊彼特的创新理论

创新作为一种理论最初是由经济学家约瑟夫·熊彼特于 1912 年在《经济发展理论》一书中提出的。之后他又于 1939 年和 1942 年分别出版了《经济周期》《资本主义、社会主义和民主主义》两部专著，进一步对创新理论加以补充和完善，形成了其独特的创新理论体系。熊彼特以“创新”来解释经济周期和经济发展，明确提出创新是经济发展的本质的观点。熊彼特认为创新的过程就是一种不断打破经济均衡的过程。因而，经济研究的重心不是探讨如何实现均衡，而应该是研究如何打破均衡，均衡的破坏就是创新。

创新理论主要包括以下三点：

（1）创新的内涵

在熊彼特看来，创新并不是一个技术概念，创新不是单纯的技术上的新发明。创新应该是一个经济学概念，是指经济生活中出现的新情况、新事物。一般包括如下几种情况：采用了一种新产品，可以是指消费者初次接触的或是被重新赋予了新特征的产品；采用了一种新的工艺技术或生产方法，这种工艺或方法有可能在科学上并不成熟，或者只是某种经营方式的改革；开辟了一个从未进入过的新市场；控制或“获取”了新的生产原料和半成品的供给来源；实现了一种新的商业组织形式，例如，打破了某种传统模式一统天下的格局。

（2）创新的主体企业家及其形成问题

熊彼特认为资本主义经济是在企业家及企业家精神这一创新主体的推动下才实现创新和发展的，因此，只有企业家和企业家精神才是推动经济发展的根本动力和创新的灵魂。

（3）资本市场的建立和良好运转是实现创新的制度条件

熊彼特认为，在资本主义制度下，资本与高度发达的信用制度是企业家实现创新的基础。他认为资本不是一般的商品，而是一种可供企业家随时提用的支付手段，是企业家和商品之间的桥梁。信用制度使得个人能够在某种程度上不依靠继承的财产而独立行事，信用对企业的最初建立是十分必要的，信用机制一旦建立，旧的传统资本组合将会被取代。总之，在熊彼特看来，以信用制度为特征的资本市场的建立和良好运转是实现创新的基础。

2. 技术创新理论

从20世纪50年代开始，科学技术的迅猛发展对人类经济社会产生了巨大影响，人们开始认识到技术创新对经济增长和社会发展的巨大作用。这一时期，针对技术创新的研究逐渐发展并丰富起来，并被经济学家称为技术创新的复兴时代。另一方面，技术与经济的高速发展也导致使用传统资本、劳动力等要素简单地对社会经济现象加以解释已无法满足现实的需要。因此，经济学家开始对技术、制度与经济发展的关系产生了兴趣，技术创新理论也由此得以快速发展。

3. 制度创新理论

制度创新论以两个流派为其代表，一是以加尔布雷斯、缪尔达尔、海尔布伦纳等人为代表的制度学派。该派以现行体制的反对派和批判者的身份，对现存制度进行抨击。他们提出只有通过改变现行制度才能真正促进创新，被学界称为创新理论中的新马克思主义派。因其结构松散而不为正统经济学者所推崇，在学界影响不大。二是以科斯为代表的新制度经济学派。该派以新古典经济学的方法研究社会制度，因而被当代主流经济学派所接纳，此分支的启蒙者科斯荣获了1991年诺贝尔经济学奖。

2.8.2 商业模式创新理论的主要内容及应用缺陷

1. 商业模式创新理论的主要内容

商业模式创新的分类研究是进一步认识商业模式创新活动特征、探索商业模式创新规律的基础和条件，通过对商业模式创新进行分类，有助于识别模式创新的共性与差别，有助于更加深入地分析不同类型创新的动因与内在规律。

依据不同的标准可以对商业模式创新进行不同的分类。根据商业模式所依附企业的存在状态，可以分为新企业的新商业模式创建和原有企业商业模式的变革两种类型。根据商业模式不同要素的变动情况所引发的创新，可以将其划分为价值主张变动引发的创新、资源组合变动引发的创新，以及运作流程和界面模式变动引发的创新。

（1）界面模式变动引发的创新

商业模式的界面模式，是指企业为了获取利润而进行各种决策时所遵循的标准或法则，包括企业的营销原则、采购与供应原则、环境原则和公众原则。产品的目标市场、生产规模、成本模式、定价方式和市场定位是构成企业界面模式的重要内容。因此，企业市场定位、定价方式与成本模式的改变都将引发界面模式的变动。这种改变给公司带来的变化，改变了公司与市场的接触方式和公司的市场形象，但并不一定涉及公司的运作流程和资源基础，或者说界面模式的改变只是改变了商业模式的界面形态与结构，但并没有改变商业模式的主体运作流程与资源组合基础。

（2）运作流程变动引发的创新

所谓流程就是指相互连接的活动的集合。企业管理人员将全部资源以有效的形式组织在一起，进行生产和销售产品服务的活动。这些活动有效地衔接，并不断重复就形成了企业的运作流程，与此相关的活动包括原材料采购、产成品的生产与销售、资金往来等等。企业运作流程支撑起了整个企业的商业运作架构。在资源组合确定的前提下，企业可以有多种不同的运作形式与运作流程，运作流程的差异将直接导致企业间的形式与效率的差别。运作流程变化将对企业的商业模式产生重要的影响，可以在改变生产效率的同时，带来界面模式的变化，从而引发商业模式由内向外的改变，导致商业模式推陈出新。

（3）资源组合变动引发的创新

企业的资源组合是指企业为了实现价值主张而需要投入的全部资源，包括人力资源、原材料、厂房设备、专利技术、品牌商标等知识产权等各种有形与无形的资源的有机聚合。任何企业要创造价值都需要特定资源的投入，没有资源的投入，任何价值都无法创造出来。在特定的环境条件下，企业的价值主张将决定企业所需要的特定的资源组合。但是，如果环境条件改变了，即使价值主张没有改变，资源组合也可能随着外部环境的变化而改变。因此，由资源组合要素引发的商业模式创新，是一种复杂的系列创新。由系统论之结构决定功能的原理可知，资源组合的变化在导致企业的基础层与主体运作层发生变化的同时，也将不可避免地导致企业界面模式与企业功能的变化与创新。

（4）价值主张变动引发的模式创新

价值主张通过回答“企业的产品是什么”和“企业的顾客是谁”这样一些基本问题得以体现，并通过企业的产品向市场传递。正确的价值主张是企业生存发展的基础，也是构成企业商业模式的基础要素。价值主张一旦确定，企业需要生产的产品、产品的属性与特征、生产所需要的各种资源、利用资源进行生产的运作流程以及相关的各种对内对外原则都将随之确定。价值主张的改变，也将不可避免地引发上述各个方面的变化。

2. 商业模式创新的驱动力

企业商业模式创新的驱动力是形成商业模式创新的基础，是商业模式创新过程的重要决定因素，同时也是构成企业商业模式创新系统的重要组成部分。正确识别和把握商业模式创新驱动力，是有效引导企业开展商业模式创新，促进商业模式创新成功的基础和保证。

由商业模式创新的系统性和外向性可知，商业模式创新的驱动力可以划分为来自企业内部与外部两方面。结合企业创新动力的相关理论以及商业模式创新的自身特征，我们认为商业模式创新的外部动力包括技术驱动力、市场驱动力、竞争驱动力和政策驱动力，而内部动力主要来源于企业家自身的创新精神或企业管理团队的创新决策。

企业家的创新精神通过创新实践得以表现。一般说来，企业家的创新，首先表现为思维方式的创新，其次是技术创新、管理创新和营销创新等职能创新，并且最终以上述创新在企业层面上的有机整合，形成商业模式的创新。企业家发动的创新，也许最初都具有一定的具体性和针对性。例如，针对某一社会需求目标创新地使用某种生产技术。但是最终，由于企业家在企业中所处的独特地位，这些创新都将表现出对企业内部资源利用的综合性与创新目标的整体性，并最终引发企业内部多个层面的连续创新，即商业模式的创新。因此，企业家发动的企业创新，并不是单纯地表现为某一企业职能的创新，而是涉及企业各个层面和多种职能的商业模式创新。

应该指出的是，企业家作为商业模式创新的内部驱动力，与商业模式创新的外向性并不矛盾。这是因为，企业家发动的商业模式创新，其来源是企业外部环境的变化和适应变化的需要。外部环境的变化，通过需求与竞争条件的变化，影响企业家并最终促使企业家根据上述变化的需要进行创新。社会需求与市场竞争是商业模式以及技术和管理创新构思的核心和重心，各种构思的方案、各种解决问题的方法手段，归根到底都是针对社会需求和有效竞争而提出的解决方案。社会需求与竞争环境发生变化，解决问题满足需求的方法也就需要变化。企业家需要准确预测外部环境的变化趋势，并且有效整合资源和创新资源组合方式，从而有效地满足需求和应对竞争。对于企业家而言，根据外部环境变化的需要，准确预测环境变化趋势，及时发现和捕捉到能够为企业发展带来的机遇，从外界补充和吸取各种相关的知识和信息，调整和改变资源组合的形成与产出结果，才能真正有效地推动商业模式创新并获取成功。

3. 商业模式创新理论的应用缺陷

对于企业商业模式创新的有效边界以及不同的企业商业模式创新是否具有可组合性、可移植性，通过组合、移植方式实现的商业模式创新是否具有效率，从哪些维度来判断企业商业模式的有效性等问题，目前有关于商业模式创新理论的研究还没有较为深入的分析与论证；国家层面的引导和鼓励政策存在一定的缺陷。虽然一些地方政府已经开始行动起来，通过完善政府服务机制，积极推动当地的商业模式创新，但这种行动还处于起步阶段，具有区域性和不完善性的特点，国家层面上的鼓励政策还有待提出；理论研究深度和实践的广度存在较大差距，商业模式创新，经常被当作一种万能标签到处使用，而对于究竟什么是商业模式和商业模式创新，还缺乏严谨科学的认识和理解。总之，不论是商业模式创新的理论研究还是实践与先进国家相比，我们都还存在一定的应用缺陷，需要加快完善与发展。

2.8.3 商业模式创新理论的特性

相对于企业其他一些传统创新类型，商业模式创新具有整体性、外向性和实效性三方面明显的特征。

1. 整体性

整体性是商业模式创新区别于企业其他创新的本质特征。商业模式创新与企业的产品创新、技术创新、组织创新和流程创新等创新活动的本质区别就在于其具有整体性。商业模式创新可能是由单一要素引发，但并不限于单一要素的变化，而是表现为多项要素相互协同变化。它同时涉及模式多个要素的变化，需要企业的较大战略调整，是一种集成创新。商业模式创新往往同时伴随产品、工艺或者组织结构与运作流程的创新。

2. 外向性

商业模式创新更注重从市场和客户的角度出发，从根本上思考设计企业的行为，视角更为外向和开放，更多注重和涉及企业经济方面的因素。商业模式创新的出发点，是如何从根本上为客户创造和增加价值。因此，它逻辑思考的起点是客户的需求，即根据客户需求考虑如何有效满足它。技术创新通常具有内向性，技术创新常常是从企业所擅长的技术特性与功能出发，看它能用来干什么，从一种技术可能有的多种用途中去挖掘它的潜在市场。商业模式创新即使涉及技术，也多是和技术的经济方面因素有关，与技术所蕴含的经济价值及经济可行性有关，而不是纯粹的技术特性。

3. 实效性

商业模式创新具有实效性的特征。从绩效表现看，商业模式创新如果提供全新的产品或服务，那么它可能开创了一个全新的可赢利产业领域，即便提供已有的产品或服务，也应该能给企业带来更持久的赢利能力与更大的竞争优势。传统的企业单一要素的创新，通常只是带来企业局部效率的提高与成本降低，而且这些创新容易被其他企业在较短期时期模仿。商业模式创新，虽然也表现为企业效率提高与成本降低，但由于更为系统和根本，涉及多个要素的协同变化，因而更难以被竞争者模仿，所以可以给企业带来战略性的竞争优势和实际经济效益，而且优势具有可持续性。

第三章　文献综述

本章主要对组织忘记、关系学习、企业开放度与商业模式创新四个变量进行文献的梳理。

3.1　组织忘记研究综述

3.1.1　组织忘记的内涵界定

学术界对忘记的研究起源于个体层面的心理学与认知学领域。一方面，从语言心理学角度分析，学者认为通过逆向抑制的途径，循序渐进地弱化外界刺激与内部反应之间存在的固有关系，因此通常采用干预式学习的方法，逐步实现删除和替换旧惯例的过程；另一方面，认知学界的学者认为：改变原有的心智模式、价值观念，重新建立信念结构以及认知图谱，这些也都是忘记的明显表现。综合两个领域的研究，我们可以发现忘记的特征：故意忘记、回忆退化、记忆丧失等。

随着组织理论的不断发展，学者们对忘记的研究逐渐拓展到组织层面上来，用来描述组织理念与组织行为习惯的改变。安德森首先在组织生产运作领域引入组织忘记的概念，并认为由于生产过程中断而导致的知识衰减就是组织忘记。这是对组织忘记的最早界定。在组织理论中，学者们进一步发展和丰富了组织忘记（Unlearning）的含义。例如阿克贡将组织忘记定义为企业消除原有知识的过程，它具有主动性和目的性，并且存在于每一个企业中；赫德伯格最早将企业消除过时性与误导性知识的过程定义为组织忘记，并且指出由于市场原因内部信息资源等容易过时，需要企业能够不断地进行更新以应对复杂多变外部环境的挑战；舍伍德认为企业要创造新的竞争策略必须以组织忘记为前提，只有这样才能打破固有的锁定状态，为新逻辑与新习惯的产生提供空间；加布里埃尔则指出，组织忘记有助于企业重新定位与市场环境的匹配程度，对于新信息新资源的获取能够产生促进作用，并且组织忘记可以对企业创新能力的提升产生积极的影响。

通过对组织忘记相关文献的梳理，我们发现目前学术界对组织忘记的界定主要从两个方面展开：一是研究组织由于意外因素引发的忘记行为，并导致组织知识存量的减少（本卡德，2000；达尔等，1995）；二是研究组织故意忘记行为，消除先前所拥有的无用知识（埃普尔等，1996）。在前一个研究分支中，学者们普遍认为：新获取或创造的知识在成功地转变为组织记忆之前会出现无意的损失。产生这种现象的主要原因是知识在组织内部传递和流通时产生的自然损耗，或者由组织生命周期变化引起的旧知识和旧技能的消除。本卡德（2000）认为与产品和生产相关的经营知识通常只会以组织记忆的形式保存下来。达尔等（1995）研究结果表明组织内部的知识经过一个月的时间只有部分保留在组织内部。该结论还得到埃普尔等（1996）的进一步证实。卡莫纳和格朗兰德（1998）发现最初的团队学习往往受到内在学习动机的驱动，当内在驱动消失时，组织学习开始转变为组织忘记。显然，随着时间的推移，组织记忆会出现自然的衰退，导致组织丢失和忘记部分重要的信息。这种忘记方式对组织能力产生消极的影响。在后一个研究分支中，组织忘记被看作组织学习的准备阶段。学者们普遍认为：组织原有的惯例、规则、价值观和规范等会阻碍组织获取和吸收知识。如果缺乏组织忘记，组织学习就不可能发生，因此，组织忘记被认为是管理变革的必需过程（阿克贡，2007）。野中郁次郎和竹内（1995）提出组织忘记是再学习的过程，在此过程中新的知识结构代替旧的知识结构；吉加拉和杜赫斯特（2006）认为组织忘记是企业消除旧逻辑，并为新逻辑提供空间的过程；阿克贡（2007）认为组织忘记是改变组织原有程序和惯例的过程；曾桑和扎赫拉（2008）将组织忘记定义为组织丢弃旧的惯例，建立新的规范的过程；加布里埃尔（2010）则认为组织忘记是通过改变组织的认知结构、心智模式、主导逻辑以及核心理念等，实现组织价值、规范和行为的重新定位的过程。

显然，组织忘记为组织获取新知识提供了前期准备。这种忘记对组织能力产生积极的影响。因此，基于以上研究，本书认为组织忘记是组织自我更新与创新的一种能力，能够有目的性的消除组织中固有的行为方式与认知结构，是企业进行变革与创新的必要前提。

由于组织忘记作为组织知识动态管理和组织变革的主要因素之一，因而关注组织忘记的形成和发展的影响因素及产生过程具有深远意义。通过对现有文献的梳理，我们发现现有研究主要从个人因素和组织因素两个视角探究组织忘记形成和发展的影响因素。

（1）个人因素

组织本身不能忘记，组织忘记行为是由个人忘记行为引发的。因此，学者们从个人因素的视角围绕组织忘记开展了一系列研究。奈斯特龙和斯塔巴克（1984）认为组织中高层管理者的观念会主导组织忘记。因此，当组织面临环境危机时，往往会通过更换高层管理人员这一措施，消除组织中原有的主导思想，实现外界新思想的接受和实施变革。这样的策略虽然不能完全抹去组织中原有记忆，但会促进组织忘记的顺利开展。阿兹米（2008）认为个人的认知障碍、情感障碍和动机障碍会阻碍个人忘记行为的产生，进而影响组织忘记。埃尔多安和托森（2009）认为在动荡多变的环境中，个人对自身习惯的改变能够促进组织忘记的实施。因为个人习惯的改变能够消除自身的惰性，促进新知识的流入。贝克尔（2010）在研究新技术的实施过程时，对可能影响组织忘记的个人因素进行了实证研究，发现个人因素会影响组织忘记。这些个人因素包括个人先前的积极见解、个人情感和与预期、个人积极的经验和受到的非正式支持、个人对变革的理解以及新评估的方式。

（2）组织因素

阿克贡（2006，2007）认为组织认可的信念和行为会产生惯性，抑制组织变革和阻止忘记行为的产生，因为这些信念和行为是组织投入大量的精力和资源所形成，组织很难摒弃。阿兹米（2008）认为组织的每次变革都伴随着组织忘记，组织需要克服文化障碍和资源障碍，因为这些会对组织忘记的实施产生阻碍作用，同时，为了更好地实施组织忘记，组织还要不断地对组织结构、治理系统及文化进行检测，并重新设计组织流程，建立全新的思考模式。同样，埃尔多安和托森（2009）也认为组织的自我检测对组织忘记的实施会产生积极的影响。贝克尔（2010）的实证研究结果表明：组织变革的历史、组织支持和培训会影响组织忘记。

3.1.2 组织忘记的理论模型

自从组织忘记成为学术界研究的热点问题之一，很多学者都开始努力探究组织忘记的产生过程。本文主要介绍最具代表性的两种组织忘记模型。一种是温迪克尼克特和海兰德提出的组织忘记和组织学习的交互模型，另一种是辛库拉提出的组织忘记产生的内在机制模型。

1. 温迪克尼克特和海兰德模型

温迪克尼克特和海兰德（2004）认为组织忘记过程包括个人学习、个人忘记、组织学习、组织忘记四个子过程构成，如图 3-1 所示。它们彼此相互作用、相互影响。同时，个人因素对个人学习和个人忘记之间的作用过程产生影响，而组织因素对组织学习和组织忘记之间的作用过程产生影响。另外，外部环境的变化引发个人学习或组织学习，同时对个人忘记或组织忘记产生影响。显然，他们在研究组织忘记产生的过程时，既强调外部环境对组织学习和组织忘记的影响，又强调了学习与忘记、个人与组织的交互作用。但是，他们没有更深入地揭示组织忘记产生的内在机理。

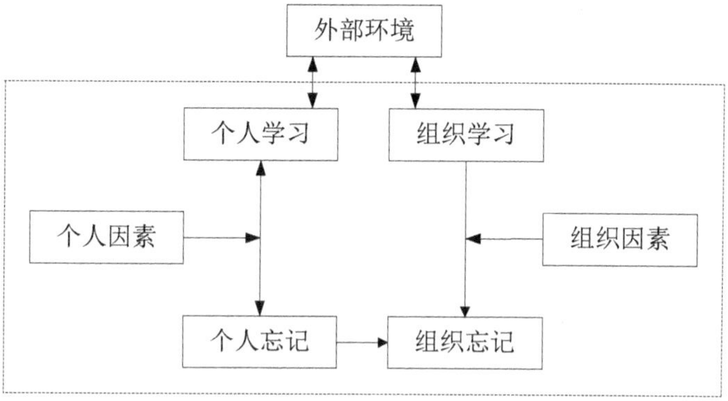

图 3-1　温迪克尼克特和海兰德的组织忘记模型

2. 辛库拉模型

辛库拉综合赫德伯格（1981）、戴（1994）等学者的研究成果，比较全面和系统的提出组织忘记产生的内在过程。认为，组织忘记过程是组织内部“刺激反应强化共享理念”的循环过程。整个过程包括个人、组织和外部环境三个主要因素，如图 3-2 所示。引发组织忘记的刺激主要来自两个方面：一是来自外界环境的刺激；二是来自内部个人的刺激。组织内“公理”性知识对前者进行过滤。这个过

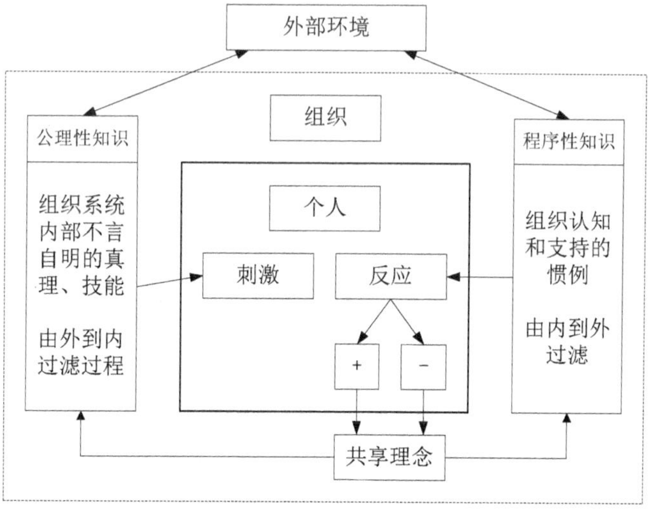

图 3-2　辛库拉的忘记模型

滤过程是由外到内的过滤过程，同时委托个人处理组织所认可的刺激。组织内程序性知识对后一种刺激进行过滤。如果个人反应与组织认可的惯例相冲突，则不被接受。显然，这个过滤过程是由内到外的过滤过程。一旦组织接受某种刺激，必然引发组织内部个人反应，而这种反应会不断地被强化，导致旧惯例逐渐被瓦解、弱化和忘记，并最终形成新的组织理念。新的理念又进一步会转化为“公理”性知识或程序性知识。

3.1.3 组织忘记的结构与测量

（1）组织忘记的结构

国内外学者继续从多个角度对组织忘记的结构进行了深层次的探索和研究。虽然没有达成统一的共识，但是其中穆尔曼从认知领域进行分类的二分法，以及阿兹米和阿克贡的四分法得到了大多数研究者的认同，如表 3-1 所示。

表 3–1　组织忘记的结构划分

作者	忘记的划分	研究视角
穆尔曼二分法	陈述性忘记、程序性忘记	认知学领域
阿兹米四分法	疏忽、破坏、衰减以及忘记	忘记的计划性
阿克贡四分法	形式忘记、再造忘记、经营忘记及调整忘记	外部环境影响

穆尔曼二分法：穆尔曼和迈纳从认知学的角度对组织忘记进行了研究，并将组织知识分为陈述性知识和程序性知识。陈述性知识更具有多样性，用途广泛。程序性知识的特点是告诉我们“怎么做”，包括对知识和技能的了解，学习和再加工。例如学习标准运作程序、管理实践、政策、战略等等。根据知识的分类方法不同，学者把忘记也分为了陈述性忘记和程序性忘记。总的来说，陈述性忘记更多是表明忘记的“是什么”，而程序性忘记则更多的讲述我们应该“怎么做”去忘记想要遗忘的东西。正因为如此，认知学的学者根据知识的不同分类对组织忘记进行相关研究，这样有了更强的针对性，研究的目标就更加的明确。

阿兹米四分法：阿兹米（2008）研究大量数据后发现，组织忘记大概可以分为四种类型：疏忽、破坏、衰减以及忘记，如表 3-2 所示。组织疏忽可能为组织带来严重后果，具体表现就是由于管理者的失职，员工自满导致企业相关情报泄露。损失的数据越重要，其后果就越严重。企业中疏忽可能是无意的，但破坏往往是有人故意为之。这是有预谋地对数据和信息进行毁坏，因此后果往往会更加严重。组织衰减是指任何事物都有生命周期，企业的数据和信息同样也存在相同的发展趋势。旧的事物慢慢地自然损耗，最终消失。组织忘记则是最特殊的一种，企业中的管理者为达到更好的结果而有意消除过时无用的知识。现在我们可以对四种类型进行一个简单的分类，有计划的行为是组织破坏和忘记；非计划行为是组织疏忽和衰减。

表 3–2　阿兹米对组织忘记的四分法

	计划性	非计划性
积极	忘记	衰减
消极	破坏	疏忽

阿克贡四分法：阿克贡依据外部环境的变化将组织忘记分为了四大类：形式忘记、再造忘记、经营忘记及调整忘记，如表 3-3 所示。阿克贡认为，企业的发展不可能脱离外部的大环境，因此外界环境的变化和企业内部应对环境变化的能力是影响组织生存的重要因素，并且环境的变化促使组织的惯例和信念要不断进行调整。形式忘记一般是突发性的，多是组织中的信念发生了改变，还有一种可能是组织的惯例发生了渐进的改变。环境的变化往往是多样性和不可确定的，具有突发性的特点，因此经常引起的是形式忘记；调整忘记往往是渐进式的，但是引发调整忘记的环境确实有着极大的不可预测性和不确定性；调整忘记一般被理解为组织内部现有的知识结构发生了渐进式的变化，此时的组织惯例发生的是根本性的变换。大量研究表明，调整忘记和组织的渐进式的变革有着密不可分的关

系；经营忘记和调整忘记是相对的，因为经营忘记的触发环境一般具有较高的稳定性和连续性。这种环境的变化是可以被预测到的。经营忘记和组织内部的渐进性、连续性的变革也存在着密切的关联。阿克贡的观点得到学术界的认可。他的研究把环境因素的变化充分考虑其中，在组织忘记和组织变革之间建立了紧密的联系。

表 3–3　阿克贡对组织忘记的四分法

	环境的不可预测性	
环境变化	低	高
高	形式忘记（信念变化高、惯例变化低）	再造忘记（信念变化高、惯例变化高）
低	经营忘记（信念变化低、惯例变化低）	调整忘记（信念变化低、惯例变化高）

（2）组织忘记的测量与维度划分

对于组织忘记的测量与维度划分，目前学术界还未形成统一定论。整理学者的观点主要有单维度、二维度、三维度三种划分方式，具体如表 3-4 所示。

组织忘记的单维度划分：部分学者采用单维度这种更为简单的方法对组织忘记进行测量。例如卡西拉斯在研究组织忘记对企业国际化的影响时，采用“企业对于不断改变原有经营模式是有准备的”“企业会考虑解决问题的新方法”等四个指标测量组织忘记的程度；贝克尔、辛库拉采用“企业能够容易识别出合作组织存在的问题”“企业能够与合作伙伴分享信息并且共同承担合作失误”“合作伙伴能够帮助企业反省自身问题”三个指标度量组织忘记的程度。

组织忘记的二维度划分：阿克贡在研究组织忘记对产品创新的影响时，依照忘记对象从组织惯例改变与组织信念改变两个维度对组织忘记进行测量。阿克贡对组织忘记的划分方法是目前认可度最高的。现在学者们在实证研究中对于组织忘记的测量量表也多是基于此展开的。国内学者卢艳秋研究组织忘记对创新绩效的影响时，在阿克贡的基础上，用“组织忘记能够根据外部环境的变化改变新产品的开发程序”“组织能够不断更新内部信息共享机制”“企业乐意从不同途径获取新技术”等五个指标衡量企业的组织忘记程度。

组织忘记的三维度划分：塞加拉—纳瓦罗在研究环境变化对知识管理的作用时，从自我反省、改变习惯、接受新观念三个方面对组织忘记进行测量，并以此对一百多家医院进行了调研分析。伊兹、范从认知忘记、行为忘记和规范忘记三个方面对组织忘记进行了维度划分，并以此为依据研究了企业如何在跨国并购中实现知识的兼容性。显然可以看出，塞加拉—纳瓦罗的研究揭示了组织忘记产生的内在过程，阐释了组织忘记发生的内在逻辑，伊兹、范的研究则是从对象的角度进行分析。但是，他们都仅仅提出了研究的大框架，缺乏实际的认证，没有统一的度量标准。

表 3–4 组织忘记的测量维度

维度	作者	量表结构	
单维度	卡西拉斯	“企业对于不断改变原有经营模式是有准备的”等	具体量表
	贝克尔	“企业能够与合作伙伴分享信息并且共同承担合作失误”等	具体量表
二维度	阿克贡	“组织惯例的改变”与“组织信念的改变”	框架
	卢艳秋	“组织忘记能够根据外部环境的变化改变新产品的开发程序”“组织能够不断更新内部信息共享机制”等	具体量表
三维度	塞加拉—纳瓦罗	“自我反省”“改变习惯”与“接受新观念”等	框架
	伊兹、范	“认知忘记”“行为忘记”和“规范忘记”等	框架

3.1.4 组织忘记的相关研究

到目前为止，对组织忘记的探索研究多数为理论层次的思辨式理论研究。主要探讨了如何定义其概念和模式。学者们对组织忘记的研究很容易和组织学习的研究绑在一起。因此，更多的是在研究被动式的组织忘记。

国外学者德霍兰建立了研究模型。他指出，被动式的组织忘记不利于创新的学习，组织应该主动地对忘记进行管理和控制，也就是主动式组织忘记。在这之前，从主动忘记的角度去研究组织忘记的学者很少。直到2004年，德霍兰等人开始着力研究主动式的组织忘记，根据意识和知识的新旧程度将组织忘记总结为四个形态：记忆缺损、忘记学习、无法捕获和避免恶习。组织中往往存在不常使用到的知识，如行为规范，工作流程。由于不经常使用导致组织无意识的丢失了这些对组织有用的知识，这就是组织缺损。出现这种现象对组织的竞争力影响是巨大的。忘记学习与此类情况的不同在于，这是组织自发地对组织内部已存在的无用知识进行主观遗忘。外界环境的不断变化，组织内部不适用的旧知识体系必然会影响组织的学习能力，更严重的将会影响到组织的竞争优势，因此组织就必须适时的进行组织忘记来帮助自己提高竞争力。

国内学者也对组织忘记的作用以及适用领域作了多方面的研究，主要有以下几种研究方向：

（1）组织忘记对企业创新以及战略柔性的作用

在《组织忘记、组织再学习对企业创新能力的影响研究》和《组织忘记对企业知识管理的影响机理研究》两篇文章中，学者赵英鑫和卢艳秋等在对组织忘记作了基本的阐述之后，重点研究了组织忘记与组织学习能力对创新能力的研究以及其对战略柔性的调节作用。最后得出结论：组织忘记能够提升组织的渐进式创新能力和突破式创新能力；在企业提升战略柔性过程中，组织再学习能够提升组织的资源柔性和能力柔性；同样，组织忘记也能够提升组织的资源柔性和能力柔性。

（2）组织忘记对企业持续成长的影响

在《组织忘记对企业持续成长影响的实证研究》一文中，作者李晓杰认为组织的持续成长离不开组织学习和组织忘记，并且指出组织忘记和组织学习之间不只是对立的关系，同时两者之间还存在着一定的互补关系。同时还将组织忘记与组织惰性放在一起研究，认为组织忘记可以帮助企业忘记过时或者无用的知识，进而促进组织学习新的知识，有利于企业摆脱组织惰性的束缚，实现持续成长。

（3）组织忘记对创业过程中的作用

学者王伟将组织忘记作为创业行为策略，认为组织忘记在创业导向到组织创业绩效的转化中发挥着重要的作用。他通过对忘记影响创业绩效的关系进行了模型仿真，得出了忘记在创业的弃旧图新过程中发挥着重要的作用；并且对于创业机会的捕捉和利用来说，忘记通过影响创业者的决策来调节其对创业绩效的创造。在此基础上又充分运用实证方法验证组织忘记影响创业绩效的关系；另一方面为了探究创业过程中知识创新对创业绩效的影响，在忘记与创业绩效的关系模型中分别加入组织学习和创业导向，探究它们与组织忘记的联合作用对创业绩效的影响。

（4）组织忘记与环境以及新产品开发之间的关系

学者阮国祥、毛荐其探讨了环境变化对组织忘记的影响，以及组织忘记对新产品开发的影响（组织忘记可以避免开发项目过于僵化）。实证研究发现，快速变化的环境会促进新产品开发团队的组织忘记行为，而组织忘记又会提高新产品开发的绩效，并且团队成员的吸收能力越强，组织忘记对于新产品开发绩效的作用就越明显。同时，组织忘记有利于开发成员适应变化的环境，并能以更开放的态度去学习和探索新的知识和信息，即成为组织不断更新学习的“催化剂”。

（5）组织忘记与企业的动态能力研究

学者潘安成和邹媛春认为企业动态能力是组织学习和组织忘记的协同作用的结果。这是因为组织忘记可以有针对性地减少组织记忆系统中的常规性知识，降低组织惰性，并且它抛弃掉了组织记忆系统中一些无用和阻碍新知识吸收的知识，为组织学习新知识提供条件和支持。企业动态能力的增强不仅需要组织学习新的知识，还需要抛弃一部分旧知识，加快组织记忆的更新。

国内外学者对组织忘记的实证研究如表 3-5 所示。

表 3-5 组织忘记的实证研究

	作者	研究领域	研究变量	组织忘记维度
1	卢艳秋、赵英鑫等	企业现代化管理	组织忘记、战略柔性、创新绩效	组织惯例的改变、组织信念的改变
2	阮国祥、毛荐其	绩效管理	环境变化、组织忘记、吸收能力、新产品开发绩效	组织观念变化、组织常规变化
3	塞加拉·纳瓦罗	合作联盟知识管理	组织忘记、合作知识	单一维度
4	塞加拉·纳瓦罗	知识管理	组织忘记、环境知识	个人自查、个人习惯改变、巩固新观点和想法
5	塞加拉·纳瓦罗	组织创新	组织忘记、组织创新	个人自查、个人习惯改变、巩固新观点和想法
6	塞加拉·纳瓦罗	关系资本	组织忘记、关系资本	单一维度（团队忘记）
7	塞加拉·纳瓦罗	智力资本组织绩效	组织忘记、智力资本、组织绩效	个人忘记、团队忘记
8	伊兹、范	知识管理	组织忘记、跨国并购、知识转移	知识忘记、行为忘记和规范忘记
9	卡西拉斯	企业国际化	组织忘记、国际化	单一维度
10	安东尼	客户资本	组织忘记、资本客户	单一维度
11	阿克贡	新产品创新	组织忘记、产品创新	组织管理改变、组织信念改变
12	雷伯尼克	组织创新	组织忘记、创新绩效	单一维度
13	曾桑（2008）	知识管理	组织忘记、跨国并购、知识转移	单一维度

（6）组织忘记与商业模式创新的研究

商业模式创新是对内外部资源的重组与优化，以创新的生产经营逻辑完善企业价值创造的过程。随着产品开发成本的递增与产品生命周期的递减，依靠技术变革的不确定性加剧，决定企业竞争成败的关键因素已由技术和产品的突破转变为商业模式的创新。企业进行商业模式创新可以产生新的经营模式，或降低成本，或完善服务，更加能够满足不断变化的消费者需求。商业模式创新的成功主要体现在内外部资源的转移与合理配置。但是对于企业来讲，固有的组织惯例与行为习惯会降低其信息搜寻、资源配置效率。因为随着企业的不断发展，原来的思维方式与经营逻辑等往往会累积、固化于组织记忆系统之中，使创新过程形成路径依赖，阻碍企业对于新信息的接收与新资源的获取，造成商业模式运营的僵化。

企业要进行创新首先必须要打破现有的锁定状态。切萨布鲁夫的系列研究明确指出冲突才能产生创新，而固有的商业模式往往会使创新过程形成路径依赖，造成创新模式化，使企业难以适应日益变化的外部环境。因此，如何打破现有经营理念、运营模式的局限成为商业模式创新过程的关键。

组织忘记是组织进行自我更新的一种能力，能够有目的地消除组织中固有的行为方式与认知结构，是企业能够准确评估、合理配置外部资源的前提。目前学术界大多认为组织忘记可以促进企业创新水平的提高。例如贝克尔指出通过对现有行为习惯进行遗弃可以产生更多的创新性产品；阿克贡认为组织忘记能够减少企业运营过程中产生的惰性，能够促进企业对新资源的获取、整合与利用；学者赵英鑫把组织再学习、组织忘记、战略柔性作为影响中国企业创新能力的关键因素，建立了组织忘记、组织再学习、战略柔性和创新能力的概念模型，并揭示变量之间的影响过程及机理，得出组织忘记可以消除旧的逻辑和行为，忘却组织原有信念和方法，通过组织忘记，改变现有的信念和惯例，更好地促进知识的搜寻、获取、共享和整合，促进组织创新；另外学者李小杰则认为组织忘记可以使企业忘记以往的竞争优势或者抛弃以往成功的一些范式，同时吸收引进一些新的知识或者做法。这些都有利于企业更好的应对外界环境的变化和组织惰性，避免组织惰性的不利影响，从而促进企业商业模式的创新。

因此，对于现在的商业环境而言，唯一不变的就是“变”。企业现有的理念、惯例、行为方式等都是之前作用的结果，企业要进行商业模式创新就需要不断地进行自我反省与自我反思，质疑并挑战固有的认知模式。本书认为企业通过组织忘记可以消除固有的认知结构，摒弃旧的组织惯例、经营理念、运营模式，为内外部资源的转移扫清障碍，同时为资源的更合理配置降低成本。

3.2 关系学习研究综述

3.2.1 关系学习的内涵界定

企业的发展离不开与周围合作伙伴的交流，因此企业的学习方式不能仅仅局限于内部的资源与知识的积累，组织间的合作、信息资源的分享也越来越多的给企业带来新的生机。随着组织间的合作形式越来越多样化，从直接兼并收购到非正式的加盟、价值链伙伴的合作关系延伸，企业间的合作学习方式也引来了更多学者的关注。企业间资源网络的搭建有利于组织创新，然而对组织间学习研究主要集中在跨国公司和战略联盟，对客户—供应商为代表的网络关系学习研究相对较少。近几年已经有学者注意到这一现象，这方面的研究也逐渐成了热点。

伙伴关系为企业最重要的资产之一，为了妥善处理伙伴关系，组织必须发展相应的关系学习能力。随着合作创新网络的形成，通过向外部合作伙伴学习来进行知识、资源等的创新与再创造是解决企业内部创新高风险与高成本的关键。虽然学术界中对于关系学习的概念存在不同解释，但是普遍认为关系学习是企业取得差异化利润并建立竞争优势的重要途径。例如菲奥尔从营销角度探讨了关系学习的概念，认为关系学习是企业减少无效成本的重要途径；企业通过与消费者、供应商等进行沟通、交流、合作、学习，可以提高企业对外部环境的沟通协调能力。莉莉则认为关系学习是创新网络中的关系建立与关系协调能力；通过关系，学习企业可以从外部网络中汲取互补性资源与技术，来弥补内部创新能力不足的缺陷。塞尔内斯、萨利斯在梳理归纳营销学与组织学习理论的基础上，依照学习理论与市场关系，从两个角度提出了关系学习的概念，一是在卢卡斯等的研究基础上，将关系学习看作新知识产生与分享的重要途径来源，它是组织学习的追求目标；此观点和林德弗莱什与穆尔曼把合作伙伴关系视为新知识分享与产生的来源观点一致。二是将关系学习定义为客户—供应商之间的一种联合学习活动，它们相互分享信息、传播信息、共同理解和解释信息并形成关系记忆；还指出关系学习是企业新信息、新资源获取的重要方式，通过与合作伙伴之间相互学习的联合活动，它们建立彼此之间良好的合作关系，相互分享信息、传播信息、共同理解和解释信息并形成关系记忆。之后，学者们对于关系学习的研究多是在塞尔内斯、萨利斯第二种观点的基础上展开的。例如，台湾学者方世荣将关系学习定义为与伙伴组织针对合作网络间的各种资讯，进行组织间的信息分享、共同理解以及组织内部的信息散播三种学习阶段。蒋青云从“学习范式”的视角，进一步提出了关系学习的三个维度构成即沟通、调整、合作，其中的“沟通”是指企业内部部门、员工之间或企业间交流、合作及整合信息；“调整”是指关系学习双方为了持续彼此间的交换关系而做出适当的调整来适应对方，既表示双方间的调整，又表示共同对环境的调整；“合作”是指当关系学习双方通过沟通发现彼此之间或外界环境需要做出调整时，采取联合行动。在归纳之前学者们研究的基础上，本书认为关系学习是指企业与外部关系网络互动，对外部信息、资源等进行辨识、吸收与转化的能力。

3.2.2 关系学习的理论模型

塞尔内斯和萨利斯提出了关系学习的理论模型，如图 3-3 所示。他们将合作承诺、内部复杂性、环境不确定性和交易专用性投资作为关系学习变量的影响因素，认为关系学习和信任及其两者之间的关系对关系绩效产生共同影响。他们主要是基于坎农、佩雷乌及海德等研究的基础，对发展和推进基于客户和供应商关系的学习进行了探讨，总体上也沿用了“关系范式”的研究传统，但对渠道成员之间的学习研究还缺乏更全面与深入的关注与探讨。因此在塞尔内斯和萨利斯研究的基础上，有必要对关系学习做更深入的探索。

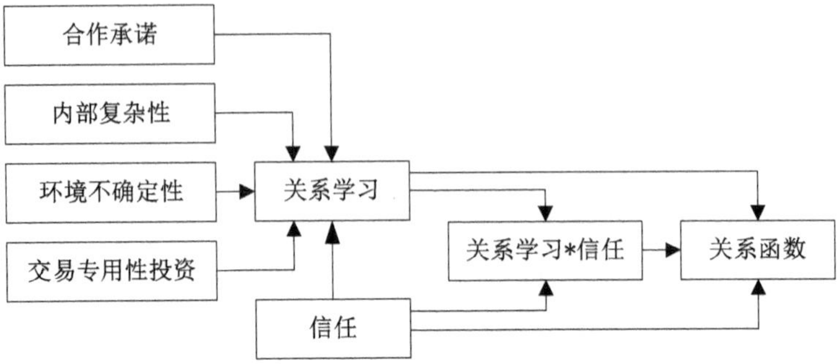

图 3–3 关系学习的理论模型

通过关系学习，关系双方可以减少冗余成本，改进关系质量，提升彼此的信任，增加交易的灵活性。关系是企业的重要战略资产，关系需要交易双方的共同治理，而治理的核心则是“信任”，信任会促进学习，这是由于双方在信任的前提下会共享一些敏感信息。在组织间建立起的信任关系，是企业可以用来控制复杂性问题的一种资源，使渠道双方产生合作与调整的行为。在这一过程中，双方之间的信任得以加强，从而导致彼此对未来合作与信息共享的承诺。这种以信任与承诺为基础的合作氛围会促进渠道双方进一步加强关系学习的主动性，最终导致双方合作绩效的改善与提高。

随着彼此信息交换的深入，成员之间更加重视对彼此关系的维护。伴随着渠道成员间的互动越来越多、组织间的业务活动也更趋于复杂，而这种复杂性导致了更多的共同学习行为。消费者偏好的变化、竞争环境和技术的变化等所体现出的环境不确定性也会促成关系学习。最后，资产专用性也是导致关系学习的因素之一。资产专用性是构建交易双方以信任与承诺为核心的关系结构的重要影响因素。渠道关系双方在“关系利益预期”基础上进行的“专用资产”投入，专用资产的投入会增大关系终止的成本，从而关系双方进行合作的意愿便更强。渠道成员间的专用资产投资增加了双方的互相依赖程度，为了更好地使用这些特定资产，双方会开展更多的共同学习活动。

3.2.3 关系学习的结构与测量

学习理论认为学习是一个信息的获得、发布与整合的过程。在此基础上，斯拉特和纳瓦尔从营销学的角度提出了关系学习的基本结构，分别是信息获得、信息传播以及共同理解三个方面；西瓦达斯和德怀尔在有关策略联盟中新产品成功要素的研究中，强调若要达到策略联盟的预期目标，联盟中的信息沟通与信息分享具有重要的影响，能够使企业间关系保持持续互动；塞尔内斯和萨利斯认为关系学习是企业新信息、新资源获取的源头，他们在对关系学习进行定义的同时，将关系学习划分为信息共享、信息传播、共同理解三个维度；王晓艳通过访谈方式对我国某行业供应—经销之间的关系学习进行了探讨，并结合塞尔内斯和萨利斯的研究结论将沟通、整合、合作作为企业间关系学习程度的测量指标。

在总结国内外学者的研究基础上，国内学者陈勇将关系学习划分为信息分享、共同理解、关系记忆三个方面，并且研究证明了通过进行关系学习，企业可以更好地应对来自外部环境中的不确定性因素，通过实证分析验证了关系学习对技术创新具有显著影响。本书采用陈勇的量表对企业的关系学习程度进行度量。

信息分享：信息分享是指企业和客户、供应商等伙伴组织之间交流分享信息等持续的联合活动，它对伙伴行为产生潜在的影响。信息分享不仅是知识管理中最大的挑战，而且也是衡量知识管理或者组织学习绩效的主要因素。合作企业之间的信息分享程度是关系学习效率的重要影响因素之一，共享信息可以使企业突破内部学习的极限。企业之间通过相互分享信息可以节约单个企业的信息搜寻时间，提高创新效率。例如罗伊的研究认为共享信息与传播信息在产品创新的过程中起到了非常重要的作用，合作企业之间通过分享信息，可以对彼此的需求有更加深入的了解，因此会有更多新的想法产生。

共同理解：共同理解是指伙伴通过共同分析、阐释和理解交换所获取的信息并赋予意义，相互帮助以解决问题和克服困难的过程。合作企业的信息分享对象包括外显性信息与内隐性信息。其中，外显性信息可以通过具体的表现形式，例如规范化的语言、形式化的动作来展现，在合作企业接收到信息后即可以编码的方式存储起来；内隐性信息更多的是涉及类似经验、技巧等存在于信息拥有者头脑中、不易被转移的隐性资源。合作企业在进行关系学习时对外显性信息可以采取直接获取的方式；对于内隐性信息，在获取时则更要注重提高企业自身素养，要注意对知识信息的理解、消化与吸收。在分享信息和共同理解的同时，组织会对关系中的特定一方产生适应行为。

关系记忆：关系记忆指伙伴间对共同的信念、价值观和行为历程的记忆。在分享信息和共同理解的同时，组织会对关系中的特定一方产生适应行为。坎农和佩雷乌（1999）指出，特定关系的适应行为包括针对特定伙伴的需求或能力所投资的一般性资产以及特殊生产程序、产品、流程等。在特定关系的适应过程中，伙伴组织会把特定知识整合起来，并储存于关系特属记忆中。关系记忆与组织记忆的作用效果类似，企业之间在进行新信息的沟通、交流与分享时，通常会按照之前累积的关系记忆而选择最直接、最容易的组织间行为方式。但两者还是不同的，关系记忆会根据正式或非正式的流程形式，发展出独特的惯例，并渐渐发展成两个组织如何学习去共同处理事物的方法，就像坎农和佩雷乌所指的营运连接。关系记忆与组织记忆的不同处还在于它的保存形式外在是组织的，但内在是关系的，并以档案文件、电脑数据库等实体物质的方式存在于组织与其伙伴的关系中。企业要对关系记忆进行评估并通过与伙伴的互动将最新的关系知识储存起来，以便在有需要时应用。伴随企业之间的交往越来越多，他们对彼此也有更加深刻的了解，因此企业间所累积的关系记忆也逐渐增加，而彼此熟悉的企业之间信息的沟通、交流与分享也会更加有效率，双方的互动以及具体的行为方式也容易得到对方的认可。穆尔曼与迈纳尔的研究指出，组织学习是知识管理的重要环节，它有助于累积知识并形成组织记忆，组织记忆一方面是组织学习的成果，另一方面也会影响到组织后续的学习与知识创造。正是基于长期合作基础上形成的关系记忆，企业伙伴间才能更好地进行知识的共享、吸收和融合以及合作研发，满足进行探索式创新和利用式创新的需要。

3.2.4 关系学习的相关研究

组织如何获取知识并加以运用一直是学界主要探讨的课题，尤其是关系学习与组织学习的议题、关系学习与创新的关系吸引了众多学者从不同的角度加以探讨。本书也主要从这两个方面对关系学习的相关研究进行梳理。

（1）关系学习与组织学习

学习理论在企业创新中扮演着重要角色。从 20 世纪 70 年代，国内外学者们就开始了对组织学习理论的研究。从知识获取视角来看，企业可通过内部的组织学习来创造、应用与累积组织知识，也可以通过与外部伙伴关系之间学习来获取知识。过去，有关知识管理领域的研究，大都从组织学习的角度来探讨知识的获取与利用。例如菲奥尔认为组织学习是一种透过更多知识与理解以改善行动的程序；道奇森强调组织学习是一种动态的过程，在此过程中持续地改变组织的本质与形态；内文斯、迪贝拉和古尔德则认为组织本身即是一个学习系统，组织学习可视为组织以所拥有的经验来维持或改善绩效的过程或能力。

组织间学习与组织学习的学习过程类似，只是组织学习与组织间学习的对象不同，组织学习的对象是企业内部要素，组织间学习的对象主要是外部其他组织，并且组织间学习特别强调借由伙伴关系来提升伙伴组织间的学习能力。如果把公司视为一系列知识、资源的结合体，不断地获取知识、资源，更新知识、使用知识、创造知识就成为组织的基本职能，也是企业生存、发展的必要前提。那么，学习就是组织天生的而且是最重要的职能。组织学习是指组织为了实现发展目标、提高核心竞争力而围绕信息和知识技能所采取的各种行动，是组织不断努力改变或重新设计自身以适应持续变化的环境的过程。自 20 世纪 80 年代提出组织学习的概念到 20 世纪 90 年代，对组织学习的研究已从心理、政治、经济、社会和文化等多方面进行了研究和探讨。战略研究对组织学习的认识已看作是形成未来公司核心竞争力的重要因素。这种学习的机制在于组织通过学习提高对产品、技术和管理的创新能力，形成新的特殊资源，再对这种资源有效利用形成公司的核心竞争能力。

关系学习是组织间学习的一种，学者们对于关系学习的研究大都是基于组织间学习的基础展开的。在概念化上，虽然关系学习源自组织学习，但塞尔内斯和萨利斯（2003）认为关系学习和组织学习有相异之处：

①关系学习有特异性的记忆，也就是约翰逊等在 2004 年所提出的关系知识存储。这是和组织记忆不同的，特别是关系学习包含组织间的共同历史、参考架构和有别于个别组织的双方价值，记忆是共享的，意味着两方的组织都可以存取该记忆，不受其所处位置影响，通过关系学习形成的关系记忆是双方企业所共享的；

②关系学习在管理上及其前因不同于组织学习，在供货商与顾客关系中学习不能由关系任一方的组织所委任，关系学习是建立在双方意愿的基础上；

③关系学习是组织基于对市场情报的重视，将市场导向的应用由单一组织内部拓展到组织间的范畴。

（2）关系学习对创新的影响

企业进行关系学习可以不断地开发、累积与利用外部信息资源，通过构建合作创新网络，可以使企业减少、降低环境的不确定性影响并取得竞争优势。菲奥尔等认为通过关系学习，可使企业和顾客双方都找到减少无效成本的途径，提高关系品质，提高市场反应速度和市场应变能力，最终提升创新绩效。关系学习对创新的影响分为三部分，关系学习与技术创新、关系学习与服务创新绩效、关系学习与知识整合。

第一，关系学习与技术创新。企业通过广泛、深入地开发和利用外部资源，建造自己的合作关系和增加组织自身的资源来应对环境的不确定性，可以不断创造竞争优势。关系学习是企业整合利用外部资源的重要途径，也是更好的减少或降低环境不确定性造成影响的关键手段。

在关系学习的探索性研究中，不少学者对关系学习与技术创新的关系进行了探讨。例如戴尔、辛格的研究指出合作企业之间进行关系学习可以提高相互的信任感，信息的交流与分享也会更加频繁，通过关系学习企业能更迅速及时地了解顾客的需求以及供应商的情况，这样有利于企业进行外部因素的学习，进而增加科技投入，实现技术产品的创新。戴认为组织间相互学习、相互分享信息有利于提高企业的运作效率；同时这些新的观念和想法在企业内部传播，对于企业不断学习、不断进行技术创新具有重要促进作用。门策发现关系学习可以减少企业间的合作障碍和成本，可以增加企业间的互动；这种互动有助于企业间合作项目的顺利开展，促进产品开发和技术创新。国内学者陈勇采用实证分析方法，将关系学习划分为信息分享、共同理解、关系记忆三个维度；验证了关系学习对技术创新的影响；指出企业可以通过增强关系承诺，制定新的营销与管理创新策略，营造一种共同学习的关系氛围，这样可以在更大程度上提高企业的创新水平。信息分享是关系学习过程中最重要的组成部分，是发展共同理解和促进关系记忆的前提。企业间的关系学习（信息分享、共同理解、关系记忆）有助于企业技术创新的提升，如图 3-4 所示。伙伴间及时有效的信息分享为双方扩大新信息和新知识的来源，促进共同理解，有利于双方做出利于共同发展的战略决策。同时在信息分享和共同理解的基础上，企业伙伴也会将双方认可的信息吸纳进关系记忆中。

从竞争优势的观点来看，关系学习是企业在关系中创造差异化优势并获取超额利润的重要途径。通过关系学习，企业与相关伙伴间能不断地提高关系质量和信任度，加速信息和知识的分享，能够促进与他们的供应商、客户的信息交换，发展外部因素的知识学习，分享信息和发展来自特定供应商和客户的关系记忆，更新他们的科技投入能力，进而提高创新能力，更好地应对来自环境不确定性的影响。

探索式创新是激进的创新，需要新的知识或是摆脱原有的知（利文索尔和马奇，1993；麦克·格瑞斯，2001），满足新兴客户和市场的需求（本纳和塔什曼，2003）。利用式创新是渐进的创新，满足现有客户和市场的需求（本纳和塔什曼，2003），拓展原有的知识和技能，改善现有的设计，改进产品和服务，增加现有渠道的有效性（阿伯内姆和克拉克，1985）。利用式创新建立在现有知识基础上，增强已有的技能、过程和结构（阿伯内姆和克拉克，1985；利文索尔和马奇，1993）。

关系学习通过与用户、供应商等外部组织建立战略合作关系，及时获取外部资源和市场需求信息，快速应对市场和客户变化，有力地促进了探索式创新和利用式创新的发展（托马斯和休伯特，1998）；也能帮助企业不断扩大影响力，开展探索式和利用式创新，抢在对手前进入新市场。

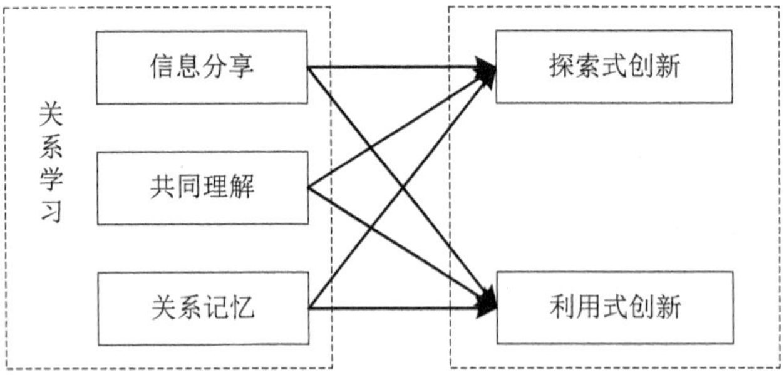

图 3-4　关系学习与技术创新的关系

第二，关系学习与服务创新。在传统的中国社会，“关系”能够促使个人和组织共同分享社会经验方面的信息。对现代企业来说，与重要的客户及供应商建立关系网络并相互学习是非常重要的。因此，为了更多地获取对企业有用的外部知识，企业应积极地与其上下游企业进行关系学习。关系学习意味着上下游企业间可以更多地分享信息，并形成基于目标客户—供应商关系的特定记忆，以提高信息和知识的准确性，间接影响创新绩效。企业通过进行关系学习可以更加了解消费者需求，进而为顾客提供更有价值的产品与服务。目前，国内外学者对关系学习与创新绩效关系的直接研究比较少，仅有的研究主要探讨关系学习与其他绩效之间的关系。

国外学者塞尔内斯与萨利斯（2003）从渠道营销理论出发，在建立关系学习理论模型的同时，探讨了关系学习对关系绩效的作用。研究表明，企业之间的关系信任调节着关系学习对关系绩效的正向作用，并指出高度的关系信任也会带来一些问题，如致使信任的隐藏成本丧失，从而影响关系学习对关系绩效的作用。陈的研究认为企业与供应商、顾客等形成的伙伴关系网络是企业重要的关系资本，也是企业开展关系学习的基础，通过与关系网络中其他伙伴相互分享信息，可以促进企业创新。在有关交易协商的文献中，克洛里蒂（1984）发现交易双方若有较公开的信息分享，将使得彼此都有较理想的协商结果。坎农与佩雷乌的研究认为制造商通过与客户群体进行信息交换可以提高顾客价值绩效。格朗鲁斯在将关系学习的对象从渠道间关系扩大为全部企业；他认为随着信息时代的到来，制造业与服务业的边界越来越模糊，因此所有的企业也都可以被看作是服务业；在研究服务创新绩效时要着重从企业间关系层面与信息流动入手。

国内的学者对此也有一些研究，如方世荣等人（方世荣，谢宜君，邓志勇，2008）也认为关系学习会显著影响关系记忆与关系绩效，其中关系绩效包括关系效能和关系效率两个维度。关系效能包括提升产品品质、察觉市场需求波动、获得满意的结果等。关系效率包括降低整体存货成本、加速货运速度减少货运时间、减少和修正错误等，包含于本研究所定义的创新绩效（财务绩效、顾客绩效和内部绩效三个维度）的内涵之中。

简兆权、郑雪云在服务业大发展的背景下，从服务科学与学习理论的视角出发，通过实证研究分析了网络能力、关系学习与服务创新绩效的关系，并提出了如图 3-5 所示的框架。关系学习本质上是组织通过紧密的伙伴关系获取、分享并传递彼此的重要信息，进而创造具有价值的知识。对于一个组织来说，必须先发展出某一特定的网络关系，获取某种网络地位和完成网络任务，才会有未来持续的学习活动。不论企业性质如何，在研究服务创新时，都要将重点放在合作企业间信息互动与相互学习，关系学习对服务创新绩效有正向的影响。

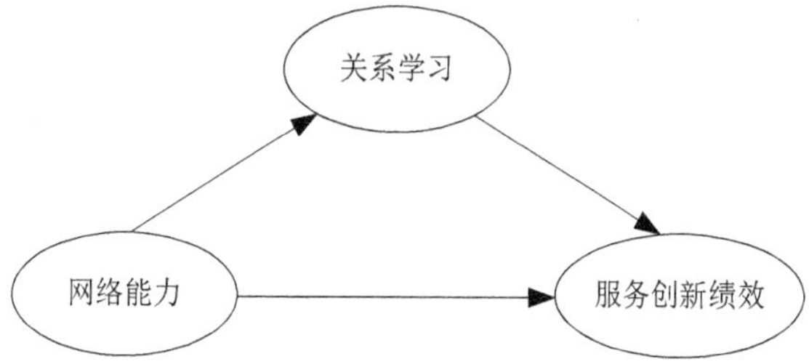

图 3-5 网络能力、关系学习与服务创新绩效的理论框架

总之，企业为了发展技术创新，必须不断地学习外部环境的新知识和新技术，如果企业向其上游供应商、下游客户学习，就形成了本书所研究的关系学习。

第三，关系学习与知识整合。目前，国内外学者对关系学习与知识整合之间的关系研究的比较少，大部分研究是分析组织学习与知识整合之间以及学习导向与知识整合之间的关系。科格特和赞德的研究认为，企业内部的知识整合与创新需要以学习为基础，而关系学习是企业获取新信息的有效途径之一，通过关系学习可以促进企业内部知识创新与整合。兰斯蒂和克拉克指出，企业的利润主要来自对企业内外部知识的整合。塞斯和萨利斯（2003）认为关系学习反映的是上下游企业间的学习能力。当企业向其上游供应商、下游客户学习时，往往是企业内的关键成员开始学习，转化成企业成员较容易吸收的知识形式，然后将学习到的知识整合到企业的知识网络中，供企业内其他成员使用。从这种层面来看，关系学习能够推动企业内知识的流动和扩散。这也是知识整合的前提。企业在客户—供应商关系中的沟通和互动方式，能够显著地影响知识整合的成效，包括知识整合的效率、范围和灵活性。

在国内，一些学者也对此做了研究，如李贞和杨洪涛通过对长三角地区二百多家企业进行实证调研，运用结构方程模型方法探究了吸收能力、关系学习对知识整合以及创新绩效的影响，并强调企业应关注并加强与外部合作伙伴之间的关系学习能力；只有这样，才能创造出比个体更大的价值。

袁红军和宁光芳研究了关系学习对知识整合、创新绩效的影响，提出基于关系学习的合作数字参考服务组织知识整合结构模型；根据已有的文献对关系学习、知识整合能力与知识整合创新绩效间的关系进行梳理，详细论述了关系满意、关系信任与关系承诺在关系学习与知识整合能力、知识整合绩效三者之间关系的作用机理，构建了基于关系学习的合作数字参考服务组织知识整合结构模型。并指出，在新阅读时代背景下，创新不仅仅是企业的事，图书馆也在积极组织知识联盟。通过不断进行关系学习，发挥合作数字参考服务的整体知识优势为合作数字参考服务知识整合创新绩效的提高提供理论支持，也为探索提高合作数字参考服务知识创新与管理效率的新方法、新途径提供一个新思路，如图 3-6 所示。

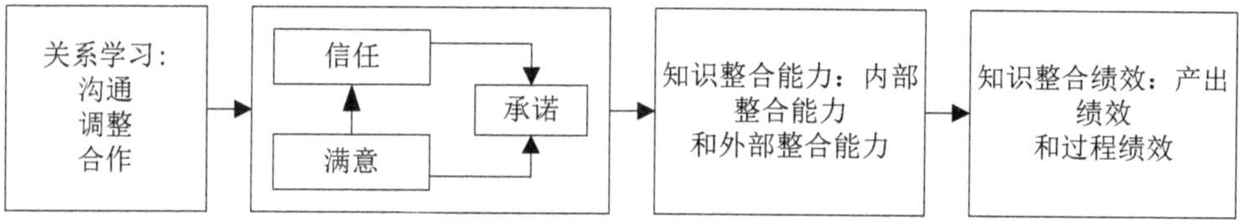

图 3-6　基于关系学习的合作数字参考服务组织知识整合结构模型

该模型中，自变量为关系学习，知识整合能力为中介变量，合作数字参考服务知识整合绩效则为因变量，其中知识整合能力主要源于合作数字参考服务组织内部和外部的学习，而关系学习则是强化其加盟馆、读者之间的外部学习。这说明，关系学习能够促进合作数字参考服务的知识整合能力，进而对合作数字参考服务知识整合绩效产生影响。合作数字参考服务与其加盟馆、咨询馆员、读者进行学习时，往往是合作数字参考服务内的关键成员开始学习，转化成合作数字参考服务成员较容易吸收的知识形式，然后将学习到的知识整合到合作数字参考服务的知识网络中，供合作数字参考服务内其他成员使用。

3.3　企业开放度研究综述

3.3.1　企业开放度的内涵界定

企业开放度的概念在现有研究中一直不是很明晰。这首先反应在对开放度的定义上。在切萨布鲁夫（2003a）提出开放式创新之后，大量研究主要集中在开放式创新的必要性和成功案例的研究上，对企业开放度的衡量及其与创新绩效的关系却关注不够。2006 年，劳尔森等专家认为其应该是企业在进行外部搜寻创新资源中所涉及的范围；2007 年，唐方成等人则认为其应该是可以体现出联盟企业在合作过程中共享转移知识的频繁性。2008 年，利希腾塔尔就从外部技术的收购领域和利用范围这两个企业的战略方式来对其进行了定义。皮萨诺和弗加蒂则指出其可以认为是企业在合作创新的过程中，对期望加入合作联盟企业所表现出来的挑剔度，他们是以外部机构在加入企业创新活动时所表现出来的主动程度来衡量企业的企业开放度；到了 2010 年，达兰德和甘恩则将其概念分为了三点：第一，正式和非正式的自我保护程度；第二，外部创新源的数量；第三，企业对于与之建立正式和非正式合作关系的外部创新参与者的依赖程度。由此可见，不同的专家对企业开放度的定义是存在一定的区别和共同点的，他们的共性是认为企业开放度指的就是企业和其他的组织进行创新合作时所体现出来的接纳度，此外，企业开放度在不同企业中体现出连续分布的统一性。

3.3.2 企业开放度的结构与测量

（1）企业开放度的度量

2004 年，劳尔森和索尔特首次从定量的角度定义开放度（openness）为“每家企业都可以用于创新活动的不同外部知识资源的数量”。2006 年，他们以科恩和利文索尔（1990）“企业利用外部知识的能力是创新绩效的一个重要组成部分”的观点为理论基础，进一步细化了对企业开放度的测量。在他们的研究中，企业开放度由两部分构成——开放广度和开放深度，“开放广度”是指企业与外部主体合作对象的数量，“开放深度”是指双方合作的程度（劳尔森和索尔特，2006a）。韦斯特用企业在利用外部关系网络进行合作创新时对外部合作伙伴进行信息披露的程度来测量企业开放度。切萨布鲁夫、克劳瑟根据相关创新资源的流动方向，从内向维度和外向维度两个方面测量企业开放度。2006 年研发管理出版的专辑从定性和概念的角度探讨了开放式创新强度，可是仍然没有给出企业开放度的操作性定义。2008 年，游达明等人则认为其应该指的是企业对外开放的综合程度，并且用一个指标来衡量其大小；任爱莲（2010）利用能够反映企业开放度的两个属性进行度量，一个是开放状况变量，该变量为虚拟变量，另一个反映企业对该对象开放的相对重要性。拉扎罗蒂和拉菲艾拉（2009）延续了企业开放度应该呈一种连续谱的观点，他们探讨的企业开放度也是基于外部创新源维度，主要包括两个变量：一是企业的外部合作伙伴的种类和数量，二是企业在创新过程中对外部开放的阶段和数量。显然第二个变量是针对封闭创新过程中从创意的产生、筛选到最后新产品的商业化、市场化都要进行严格控制，形成线性的一体化模式的特点。于成永（2008）更是直接指出企业开放度与研发模式一体化水平呈反向关系，即完全依赖内部研发的企业开放度最低，而完全采用技术购买的企业开放度最高。克努森和莫腾森（2011）认为在测量企业开放度时不仅开放的宽度和广度重要，区分内外部的合作方式即组织模式对于区分不同程度的开放同样重要。克努森认为开放式创新的核心是外部资源的引进，他利用企业与企业之间合作创新项目的多少来衡量企业的开放程度。达汉兰德从企业的自我保护程度、合作创新者数量、对外部合作创新网络的依赖程度三个方面衡量企业的开放程度。陈劲基于开放式创新理论，提出开放度是企业有效管理合作创新、获取外部资源的关键。李玲、韵江等通过实证研究验证了企业开放度对创新绩效的影响。

开放式创新包括创新的输入、耦合与输出，具体如图 3-7 所示。作为企业开放式创新程度的测量指标，企业对外开放程度的大小会显著影响企业与外部环境的互动以及对外部资源的获取，企业开放度是衡量企业吸收利用外部创新资源的重要参考因素。对外开放程度越大，企业之间的熟悉程度和信任感越强，同时与外部环境之间的信息、资源流动速度就越快，有利于企业利用更多的创新要素，达到商业模式变革的目标。

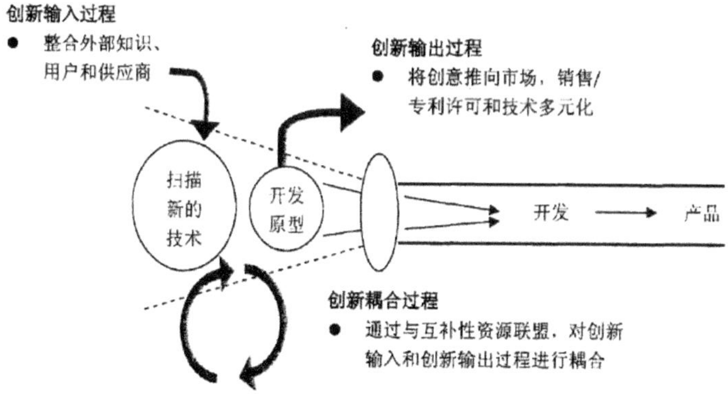

图 3-7　开放式创新的过程

（2）企业开放度的维度

企业开放度是企业在创新过程中对外部开放程度的综合性指标。企业开放度包含的三个维度即外部创新源维度、组织模式维度和知识治理维度。它从不同视角解释了企业开放度的含义，同时也体现了三个维度之间的内在关联性，如图 3-8 所示。外部创新源维度主要反映了企业获取外部资源以支持创新活动的渠道。彭正龙和王海花（2011）认为开放式创新模式是企业与外部组织进行异质性资源共享的催化剂，企业可以充分利用外部创新源，通过创新项目适度地向外部组织开放，以获取外部组织的多维度支持。组织模式维度则揭示了企业与外部组织的合作方式或者说是获取外部资源的方式。比安基和卡瓦列雷（2010）等通过实证研究证明企业在与不同类型的外部组织合作时会采用截然不同的组织模式，即在创新过程中企业采用的组织模式与组织类型具有高度的相关性。知识治理维度体现了企业利用外部创新源开展创新活动过程中知识、技术、信息等无形资源在组织间的披露与共享的程度。朱沙和吴绍波（2011）认为核心企业通过与拥有不同知识资源的外部组织例如大学、科研院所、供应商、经销商、客户甚至是竞争对手的长期合作可以实现知识的流动和共享已达到共担风险、共享收益、提高创新能力的目的。对于任一维度而言，企业开放度是一个更加抽象的概念。外部创新源与其他两个维度单独存在时都只是企业开放度的一种表现形式而不能代表概念本身。因此，企业开放度是这三个维度的共同方面或共同因子。

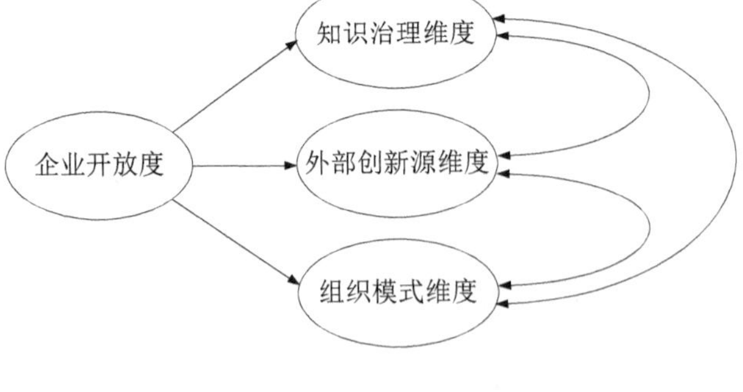

图 3-8　企业开放度维度

3.3.3　企业开放度的相关研究

（1）企业开放度与创新绩效的关系

开放度主要在两种维度上驱动企业创新。一是内向维度，即企业外部有价值的知识被吸收到企业内部，来推动企业的创新。切萨布鲁夫和克劳瑟的研究表明，企业在增强内向开放度的过程中对外部技术进行整合，可以提高创新绩效。二是外向维度，即内部闲置的技术专利被释放、出售或授权到企业外部，使企业从技术资产中获益，进而提高创新绩效。与以往封闭式创新相比，开放式创新使组织边界更加模糊，知识的流动性更加频繁、不受限制，对企业内部创意依赖性的减少以及企业所处环境的高度复杂。

首先，我们在享受开放式创新给我们带来巨大创造力的同时，还应该考虑到开放度把握的问题。组织的技术创新绩效不可能随着开放度的提高而一直提高，因为这时企业既在利用外部丰富的资源并通过流出自己闲置的创意获利，也会在搜寻外部信息时产生过多交易成本，同时更可能在开放式创新过程中向潜在竞争对手泄露关键信息和技术。另外在这种新型创新范式下，企业已不再是单独的个体，而是处在了一个复杂的组织环境中，就如同网络一样，彼此有着千丝万缕的关系。这就要求企业有效建构网络能力。同样，企业开放式创新的目的就是通过获得网络能力，充分利用内外部创新资源，使企业具备竞争优势，提高技术创新绩效。

劳尔森和索尔特（2006）以开放度为出发点来研究分析，他们对两千多家执行开放式创新的英国制造企业进行调查，通过分析总结出，企业研发的强度和外部研究的纵深度对创新绩效的影响有互补的作用。创新绩效与外部研发的纵深度关系呈倒U型。里格比和祖克（2002）指出开放式的创新条件下，企业引进外部创意及相关技术能使其创新基础更稳固。通过开放式创新会有两种效果，网络外部从经济、学习两种性能为出发点阐明其对创新绩效产生的积极作用。克里斯腾森（2005）在产业动态和演化经济学的角度分析开放式创新，指出文化接近、技术互补、创新协调能使企业跨网络的创新绩效有效提高，但机会主义、信息的不对称、信任危机使网络成员的协调经费昂贵，所以，必须规范企业之间的关系，制定出治理网络的有效机制（费勒，2009），依靠这种机制来化解执行者在解决方案时的用心程度等问题，使更多创意和解决方案能够不断涌出。

开放度对技术创新绩效的影响是双向的，既有积极的一面也有消极的一面。

柯普和加斯曼（2009）研究证实，专业型开放式创新（高开放式创新广度—高开放式创新深度）企业中，企业全新产品（new-to-the-firm）的利润贡献率最高，而且对产品的改善作用也非常显著，因此向这种类型的开放式创新发展是比较好的。阿尔迈拉和卡萨迪斯—马萨内尔（2010）的研究则揭示，如果合作主体的目标差异较大，开放式创新制约了企业建立产品技术轨迹的能力，寻求发现收益和目标分散成本之间的平衡决定了企业最佳的创新路径。这说明，开放式创新会带来发散或者说资源和注意力不集中，因此过度开放式创新会导致绩效下降，再次证明了企业开放度与创新绩效之间的倒U型关系。不过，企业一般总会经历企业开放度促进创新绩效的阶段。

创新开放对企业创新绩效的负面影响也不容忽视，主要来自依赖外部技术造成企业自身研发能力的下降和创新输出导致的企业核心技术扩散。洛和泰勒（1998）和黄和赖斯（2009）的研究都证实了购买外部技术对中小型企业的创新绩效有消极影响的推论。阿胡贾和兰伯特（2001）研究指出，企业在现有技术伙伴中的嵌入可能引发嵌入性依赖，从而导致企业陷入一种“熟悉陷讲”（familiarity trap），并降低企业的实际试验能力。一些研究（贝尔德伯斯等，2006；克努森，2007；法姆塞特等，2009）也得出企业技术联盟的多样性（即企业同时与不同类型联盟合作以促进创新战略的程度）对企业绩效有负面影响的结论。而且创新放会使创新者的产品信息更容易被竞争者获得，竞争将由水平差异（质量相似但特征有异）转变为垂直竞争（质量差异），从而创新者的先行优势受到削弱（塔辛拉杰和朱，2008）。

（2）企业开放度与网络能力

企业网络能力理论是以竞争企业的能力为基础的，从企业的自身出发来衡量企业管理网络的能力。企业提高企业开放度，就必须意识到与外部组织之间的相互利害关系，而且要处理好这些关系，要求企业具有网络能力，也就是管理和发展外部网络关系的能力。针对开放度与网络能力之间关系的研究，劳尔森和索尔特（2006）指出，开放度越深，企业得到的创新、开发机会就越多，企业在专业资质方面增强，其网络能力也进一步增强。但是，开放的广度无明显变化。里特尔（2003）指出，开放度越广，企业跨关系任务的执行与社交资质面临的挑战就越大。网络能力的提高能帮助企业减少传统治理机制所带来的弊端，并且更有利于企业与外部创新源的共同创造，从而使企业的开放式创新活动得到更好的保障。

（3）企业开放度与关系网络

根据切萨布鲁夫和克劳瑟（2006）的观点，企业开放度分为内向维度和外向维度。其中内向维度指创新相关知识从组织外部流向内部的程度；外向维度指创新相关知识从组织内部流向外部的程度。无论是内向型还是外向型开放式创新，企业必须建立与其开放度相适应的关系网络。开放度越大，企业就越需要发展关系网络，以使企业能够同网络成员创造更多的创新机会。李玲的研究表明，技术创新网络中企业的开放度会有效提高企业合作关系的稳定性；利希腾塔尔和恩斯特指出，开放式创新中呈现的开放度有助于优化企业间的关系网络。

3.4　商业模式创新研究综述

3.4.1　商业模式创新的内涵界定

企业创新不仅包括技术的创新、产品的创新，还包括思想的创新、制度的创新、商业模式的创新等。商业模式创新是把新的商业模式引入生产体系，并为顾客本身创造价值，以新的有效方式获得利润。随着产品生命周期缩短与技术创新复杂化趋势的出现，商业模式创新成为企业寻求创新发展的新突破，商业模式创新作为一种新的创新形态，其重要性不亚于技术创新与传统的创新。苹果公司通过苹果音乐管理器平台模式的开发，创造性地将软件和硬件连接在一起，为用户创造了前所未有的产品体验；美国国际商用机器公司颠覆式的将其核心业务从硬件销售转移到服务供应，成功缓解了金融危机的冲击；阿里巴巴电商模式的成功开展，则开创了崭新的电子商城时代。因此，企业界和学术界对于商业模式创新的研究也越来越多，商业模式创新已成为近年来学术界和企业界广泛讨论的核心课题。蒂斯指出，不断发展新的商业模式是企业应对动荡复杂市场环境的有效途径；塔克从营销视角对商业模式创新进行了定义，认为商业模式的创新过程就是不断满足顾客需求的过程；米切尔和科尔斯指出当组织借由新经营模式的更替做到以前所无法做到的产品与服务，这种未曾应用过的商业模式变革即为商业模式创新；穆尔认为商业模式创新不仅可以使企业重新制定对消费者的价值主张，而且可以使企业重新设定在网络关系中所扮演的角色。例如，谷歌在意识到大众对信息的获得已从桌面平台向移动平台转移，自身仅作为桌面平台搜索引擎会逐渐丧失竞争力，就实施垂直整合，大手笔收购摩托罗拉手机和安卓移动平台操作系统，进入移动平台领域，从而改变了自己在产业链中的位置及商业模式，由软变硬。美国国际商用机器公司也是如此。它在 1990 年代初期意识到个人电脑产业无利可寻，即出售此业务，并进入信息技术服务和咨询业，同时扩展它的软件部门，一举改变了它在产业链中的位置和它原有的商业模式，由硬变软。甲骨文（Oracle）、礼来（Eli Lilly）、香港利丰和推出智能手机的脸书等都是采取这种思路进行商业模式创新。国际知名电钻企业喜利得公司（Hilti）就从此角度找到用户新需求，并重新确认用户价值定义。这些企业积极的进行商业模式的变革，都在各自领域取得了极大成功。

3.4.2 商业模式创新的理论模型

（1）商业模式创新模型形成的逻辑机理剖析

根据企业的商业模式构成要素，一个典型的商业模式创新模型通常遵循以下七步逻辑性创新路径。

第一，洞察商业价值。企业设计其商业模式前，先对其将要进入的行业整体状况进行分析和剖析，洞察行业中尚未得以实现的商业价值，随后围绕着如何为客户提供商业价值而展开商业模式的设计。主要包括两个方面：一是对所在行业进行通透式的分析，特别是对行业价值链的构成进行分析；二是提出价值主张，价值主张是对目标客户提供的满足其需求的独特或具有卖点的商业价值。

第二，精准商业定位。此步骤中企业将根据行业中的商业机会（尚未得以实现的商业价值）对本企业所能提供的价值部分进行定位，定义本企业能提供什么样的价值给目标客户，从而也确定了企业在价值链中的位置。主要有：企业在行业供应链中处于什么环节？面对什么样的客户？为上下游合作伙伴能提供什么样的商业价值？商业定位是企业在行业中的身份定位，即企业将是什么性质的产品或服务提供商。

第三，构建业务系统。对于如何提供商业价值，需要通过一定结构的业务系统来实现，业务系统是保证企业能够精准地将客户的价值主张实现并获得盈利和经济效益的途径，此步骤中的核心要素是定义出利益相关者和交易关系。利益相关者是企业在经营过程中直接相关或受影响的相关方，既包括直接的上下游业务合作方，也包括没有合作关系的受影响方，通过定位与利益相关者的关系，并针对这些关系设计出业务流程和交易结构，即是构建业务系统。

第四，设计盈利模式。这是商业模式的核心，企业在此步骤中，将设计出能令企业实现盈利的模式，并精准描述出盈利结构，盈利结构是企业在业务运营中对利益相关者的交易关系做出安排后，企业付出的成本与获得回报之间的逻辑构成。具有独特价值的盈利模式令利益相关者能各自得到合理的收益，并保证能长期获得盈利，同时可避免合作方之间的恶性竞争和内耗。

第五，整合关键资源能力。为了保障业务系统的运行以实现盈利，企业将扫描其自身的关键资源和能力，并对有关资源和能力进行整合，以保证资源和能力得以应用。关键资源和能力是企业进行商业经营的基础，一家企业自身往往无法拥有其运营所需的全部资源和所有的能力，所以此步骤中企业需要引入合作方，以弥补自身资源和能力的缺乏，受限于资源和能力的影响，企业常常会根据资源和能力重新调整业务系统。

第六，评估现金流结构。企业获取了能运营业务系统的关键资源和能力后，将对盈利模式和业务系统进行模拟测算，形成财务经营上的测算指标—现金流结构。通过对经营过程中的现金流进行评估，评估实际回报以及将来可能的回报，以论证商业模式的经济效益。这也是投资者对企业的投资价值最直接和最重要的研判指标。根据国际上投资评估的主流方法，现主要采用未来收益贴现估值法来进行评估。

第七，优化运营系统。企业对原有的商业模式创新后，同时需要在运营系统方面进行相应的调整和优化。一家企业的运营系统包括了管理运营子系统、营销运营子系统以及生产/服务运营子系统，这三大核心运营功能构成了运营系统，也是保障商业模式能具体操作和落实的机制。

一个企业的商业模式创新经历上述七个步骤，可以比较合理地从逻辑机理上保障商业模式的系统性构建。企业以行业价值链定位为主线，通过设计业务系统来匹配相应的盈利模式和运营系统，从而避免企业的失衡性经营。

（2）商业模式创新模型的关键因素分析

商业模式创新的主线是商业定位。企业的商业定位其实是确定自己在行业价值链上的位置。所有的企业经营都围绕着它在行业价值链中的定位来进行。价值链是由一个产业中不同行业、一个行业中不同企业构成的传递商业价值的网络体系，其中企业为产业和行业价值链的微观个体。企业在价值链的位置决定了该企业的主营业务和战略格局。

商业模式创新的核心是对业务系统的设计。业务系统作为企业的主营业务的运营流程和制度、机制的构成，贯穿于企业的日常运作中，也是企业通过参与价值链提供产品或服务来实现客户的商业价值的体现。业务系统是价值链定位的执行机制。

商业模式创新的本质是盈利模式。企业创新商业模式往往基于两种情况：一是企业所在行业或产业面临重大变革，特别是陷入衰退或消亡态势，企业急待转型；二是企业面临新的发展机遇，需要做出重大战略调整或融入新的行业。商业模式创新的本质是构建企业实现最大回报的盈利模式，盈利的大小决定了企业投资标的投资价值。

3.4.3　商业模式创新的结构与测量

根据交易成本理论，交易者的有限理性、投机主义、市场环境因素中的不确定性与复杂性、少数交易、信息不对称和气氛都是交易成本产生的来源。为了开发利用商业机会并获得竞争优势，企业需要创新系统内容、结构和治理，并依靠低于市场平均成本的交易成本获利。商业模式就是“企业在开发商业机会的过程中，为了创造价值而设计的交易活动的组合方式”。企业可以通过建立新的交易关系或创新交易途径，降低交易成本并创造价值。因此，基于交易成本理论，商业模式创新可被视为机会识别转化为企业绩效的一种潜在机制。

根据资源依赖理论，任何组织都存在着对外部环境的依赖，为了开发机会并提升绩效，企业需要接近、获取并整合利用机会开发所需的关键性资源。商业模式创新本身就被视为对市场机会的把握，是企业的机会开发机制。它通过对企业活动的重新组合配置，能帮助企业有效地开发利用商业机会。商业模式创新使得企业可以通过建立社会关系网络，获取外部资源来支持其机会开发活动。

郭海等在研究创业机会与企业绩效时，将商业模式创新作为中介变量，采用的测量指标如下。

表 3–6　商业模式创新测量指标

题项	分值
为客户提供价值不断提高的产品或服务	
不断引入大量的、多样化的新客户	
不断引入多样化的供应商、合作伙伴等参与者	

题项	分值
用新颖的方式将各种合作者紧密联系在一起	
采用了创新的交易方式	
不断在商业模式中引入新的思想、方法和商品	
不断在商业模式中引入新的运作流程、惯例和规范	
我们是商业模式的开拓者	
总体来说，我们的商业模式是新颖的	

3.4.4 商业模式创新的相关研究

在全球化浪潮、技术变革加快以及商业环境变得极为不确定的时代，决定企业成败的关键因素不是产品与技术，而是商业模式的不断变革与创新。在总结国内外学者关于商业模式创新研究的相关基础上，本部分从商业模式创新的动力、途径和实施三个方面进行梳理。

（1）商业模式创新动力研究

对于商业模式创新驱动力的研究学者们主要集中在技术市场的推动、市场需求的拉动、商业竞争的逼迫三个方面。

蒂姆斯的研究认为新技术尤其是新兴的互联网技术是商业模式创新的重要推动力；柯达玛从信息技术领域入手进行研究，认为行业的创新推动了欧美、亚洲相关企业的商业模式创新，并且企业通过进行商业模式创新所产生的收益要大于技术创新；费伯认为企业进行商业模式创新的主要动力是企业内部技术的改善；克里斯腾森的研究说明了伴随突破性技术的产生，在企业原有商业模式的情况下这种激进的创新较难进行市场化，因此会促使新商业模式的产生。

林格扎特认为企业通过进行商业模式创新可以在经济低迷时期获得存活的机会，同样，能够经历萧条期的企业往往都会在运营模式上产生重大调整，更加符合市场的需求；德勒研究公司通过对 15 家进行商业模式创新的企业调研发现单纯依靠技术与法规的变化不能从根本上促使企业进行商业模式创新，只有真正从顾客需求角度出发，才能够实现商业模式的革新。

马尔霍特拉的研究指出企业为了适应不断变化的外部市场环境，就必须不断调整自己的商业模式；索斯纳从组织学习的视角出发，认为不断的试错学习是商业模式创新的基础，只有这样企业才能在激烈的商业竞争中取得优势；佐特认为企业间竞争能够促使其重新配置资源，打破现有模式对企业发展的锁定，调整商业模式。沃尔玛、亚马逊、网飞公司、瑞安航空和安谋公司等企业都是因为它们更加注重顾客体验，形成具有竞争力的商业模式而异军突起，在各自竞争激烈的行业成为领袖。

（2）商业模式创新途径研究

企业进行商业模式创新需要不断地对其内外部资源进行调整，这种调整还涉及企业的运行机制与运行模式。伴随研究的不断深入，学者们主要从商业模式创新要素以及商业模式创新程度两个方面来研究商业模式的创新途径。

基于要素视角的商业模式创新途径研究：学者们对于商业模式创新要素的研究主要集中在合作伙伴关系、目标客户群体、产品价值主张以及收益成本模式几个方面。例如，韦尔提出了“微型商业模式”的感念，并指出不论大小，每个商业模式都具有核心竞争力、收入来源、战略目标、关键要素这四个特征，企业通过改变“微型商业模式”的要素组合可以构成新的商业模式；莱多尔德的研究指出企业要从硬件设施、目标客户、技术手段、收入情况四个方面进行考虑，并且企业进行商业模式创新要注意与外部环境的匹配；奥斯特沃尔德的研究认为，在企业的商业模式价值系统中，通过改变内部构成如客户群体、渠道关系、收入成本结构等要素来刺激企业进行商业模式创新；达维拉等在著作中清楚论述了顾客群体、伙伴关系、价值主张对商业模式创新的影响。

基于创新程度视角的商业模式创新途径研究：各个企业实施商业模式创新的程度不同，因此也决定了不同主体有不同的商业模式创新实施路径。林德和坎特雷尔依据程度将商业模式创新划分为挖掘模式、变革模式、拓展模式和全新模式四种；在此基础上，奥斯特沃尔德进一步分析了企业创新程度与主体特征之间的关系，并且通过进行案例分析将商业模式创新分为保存性、增长性和全新型三种；马哈德文根据创新程度将企业分为领导者、创造者、新进入者和跟随者。总体看来，大多数学者通过企业的经营方式与能力定义企业的商业模式创新程度，目前学者对于这部分的研究多停留在框架层面，有待深入拓展。

（3）商业模式创新实施研究

商业模式创新的最终目的是要实施到实际的商业活动中，这两者之间存在的密切的关系。创新属于理论阶段，实施才是最终的目的，两者没有确切的线性关系，但两者的确是相互影响相互关联。许多学者在研究商业模式创新之后跟进研究了实施的具体效果，在研究过程中借鉴了战略规划、组织变革和业务流程。这些研究重点探讨了具体的实施过程，并根据不同的途径选择了相关的内容。由于参加研究的学者众多，形成了不同的思路并导致了不同观点，但多数思路都集中在战略规划、持续改进和信息技术变革。

基于战略规划的商业模式创新实施研究：奥斯特沃尔德最早开始研究全球商业模式设计。作为该领域研究的领先者，他把商业模式创新分为四个阶段：环境分析、商业模式设计、组织规划和商业模式。商业模式创新的框架搭建是首要工作，在环境分析阶段基于社会、法律、竞争等热点形成话题进行探讨。之后是设计阶段，基于设计阶段的探讨成果，把总体的框架细化，建立几个商业模式的雏形，并对其进行初步的分析。在组织规划阶段，进一步将已有的商业模式分解成合理的任务单元，各个击破，把每个环节都计划安排好。到了最后的实施阶段，就是把已有的设计好的模式付诸实际。德勤咨询公司把商业模式创新分为了三个阶段，其研究重点在于高层管理在商业模式中的重要性。通过实施过程研究管理层在商业模式创新过程中的具体作用。沃尔普、莱德和特克在研究的过程中，重点在于商业模式创新最初的规划上。他们认为商业模式有了完善的框架才会在之后的实施过程中得到更好的效果。通过这个框架，主要对企业的相关指标进行测试。包括，企业是否拥有新价值主张的技术，企业能否迅速更新技术已开发出新的产品，原有的客户是否能够容易地适应现有变革后的企业价值主张，财务测试能否准确地评估出变革后的企业利润可持续性发展的可能性，以及是否能够抵挡竞争对手的冲击。

基于持续改进的商业模式创新实施研究：不可否认，商业模式的创新在带来巨大效益的同时，仍有着许多风险。在国内外的研究过程中，为了降低风险系数，许多创新采取了持续改进的方法。莫里斯、柯达玛和艾伦进行了深入的研究，商业模式是在已有逻辑认识的基础上，不断完善和调整的过程。切萨布鲁夫升级了商业模式创新研究的方法和步骤，从多个角度研究了商业模式的程度和绩效。主要分析企业能否依据大众化、差异化对企业原有的结构进行相应调整；企业是否愿意开放地接受外部的资源并出售自己拥有但不需要的技术，企业能否有效的整合已有资源，能否创新并动态适应市场，从这些方面切萨布鲁夫对企业的商业模式创新进行了评估。

基于信息技术变革的商业模式创新实施研究：信息的不断发展，互联网技术已经应用到生活的各个角落。企业的发展创新也应与信息技术系统建设相协调，本书将讨论信息技术系统的改进在商业模式创新中的方法和作用。蒂姆斯、柯达玛、文卡特拉曼和亨德尔森等学者已对信息技术的变革做出研究，国际商业机器公司和思爱普公司更是详细地提出了研究的具体方法。国际商业机器公司认为，在互联网时代，信息技术产业技术的变革在商业模式创新中有着至关重要的作用，甚至决定了商业模式创新变革的可行性。企业内部的技术人员应该和高层管理者保持高度一致，从多个方面确保商业模式创新的实施，运用商业管理的思维，结合信息技术行业的创新，搭建起系统化的商业创新模式结构。思爱普公司总裁同时强调了在互联网时代寂静全球化的重要性。他认为，企业应该建立一整套的网络，利用信息技术将信息、顾客和协作客户网络化，加快工艺运营和转型的速度。

为最终的用户提供物美价廉的产品。

综上所述，学术界已经对商业模式的创新进行了多项研究，研究成果主要集中在理论研究，多采用理论与案例分析相结合的方法，也取得了一定的研究成果。但在实际企业的运营中，只有较少的企业采用了商业模式创新，因此研究者收集的资料比较匮乏，不能够客观地反映出目前企业的内部因素对实施商业模式的具体影响。

第四章　研究假设与理论模型

本章在第一章与第三章的基础上提出研究假设，探究组织忘记、关系学习、企业开放度与商业模式创新四个变量之间的相互关系，并在此基础上构建本书研究的理论模型。

4.1　各变量相互关系

4.1.1　组织忘记与商业模式创新

商业模式创新是对内外部资源的重组与优化，以创新的生产经营逻辑完善企业价值创造的过程。随着产品开发成本的递增与产品生命周期的递减，依靠技术变革的不确定性加剧，决定企业竞争成败的关键因素已由技术和产品的突破转变为商业模式的创新。企业进行商业模式创新可以产生新的经营模式，或降低成本，或完善服务，更加能够满足不断变化的消费者需求。商业模式创新的成功主要体现在内外部资源的转移与合理配置。但是对于企业来讲，固有的组织惯例与行为习惯会降低其信息搜寻、资源配置效率，因为随着企业的不断发展，原来的思维方式与经营逻辑等往往会累积、固化于组织记忆系统之中，使创新过程形成路径依赖，阻碍企业对于新信息的接收与新资源的获取，造成商业模式运营的僵化。企业要进行创新首先必须要打破现有的锁定状态，切萨布鲁夫的系列研究明确指出冲突才能产生创新，而固有的商业模式往往会使创新过程形成路径依赖，造成创新模式化，使企业难以适应日益变化的外部环境。因此如何打破现有经营理念、运营模式的局限成为商业模式创新过程的关键。组织忘记是组织进行自我更新的一种能力，能够有目的性地消除组织中固有的行为方式与认知结构，是企业能够准确评估、合理配置外部资源的前提。目前学术界大多认为组织忘记可以促进企业创新水平的提高，例如贝克尔指出通过对现有行为习惯进行遗弃可以产生更多的创新性产品；卢艳秋通过实证研究证明了组织忘记能够有效提升企业的资源柔性与能力柔性，并且指出通过组织忘记可以提高企业的绩效水平；潘安成的研究则表明组织忘记有助于形成企业适应外部变化的动态能力；阿克贡认为组织忘记能够减少企业运营过程中产生的惰性，能够促进企业对新资源的获取、整合与利用。

因此，对于现在的商业环境而言，唯一不变的只剩下“变”，企业现有的理念、惯例、行为方式等都是之前作用的结果。企业要进行商业模式创新就需要不断地进行自我反省与自我反思，质疑并挑战固有的认知模式。本书认为企业通过组织忘记可以消除固有的认知结构，摒弃旧的组织惯例、经营理念、运营模式，为内外部资源的转移扫清障碍，同时为资源的更合理配置降低成本。基于此，本研究提出以下假设：

H1：组织忘记对商业模式创新具有正向影响。

4.1.2 关系学习的中介作用

随着企业创新对外部资源依赖性的逐渐增强，创新主体之间的互动与合作日渐增多，关系学习能力逐渐成为影响企业创新成功的重要因素，学者们也越来越重视关系学习的相关研究，例如索斯纳指出企业创新需要不断与外部环境互动，不断与其他创新主体进行沟通与合作，以不断提升内部价值创造能力，克服持续成长中所遇到的阻力；阿米特基于互联网技术，讨论了网络的连通性与交互性为企业带来的资源增量空间，并且认为创新主体间的互动与学习是企业变革的关键。此外，陈通过实证研究得出关系学习对创新绩效具有正向影响，并指出关系学习是网络时代企业必须具备的能力之一；国内学者李贞分析了关系学习与知识整合及创新绩效的关系；简兆权将关系学习作为中介变量引入网络能力对服务创新绩效的作用模型中，验证了关系学习与服务创新绩效的正相关关系。在合作性为显著特征的互联网经济中，较强的关系学习能力有助于企业与其他创新主体的长久互动与合作，有利于企业辨识、吸收与转化外部资源，进而提升创新能力。

关系学习即企业与外部关系网络互动，对外部信息、资源等进行辨识、吸收与转化的能力，它有助于企业充分利用外部资源、信息等打破内部创新僵局，实现企业经营理念、运营模式颠覆式的改变。企业进行关系学习可以实现对外部信息、资源等的吸收与转化，不少学者的研究证明了企业的关系学习能力在一定程度上决定了企业的创新能力。面对庞大的资源信息网络，需要创新主体能够对外部资源、信息进行有效的筛选与吸收，因此企业间关系学习能力的重要性日益显现。关系学习能力即企业与外部关系网络互动，对外部信息、资源等进行辨识、吸收与转化的能力，它有助于企业充分利用外部资源、信息等打破内部创新僵局，实现企业经营理念、运营模式颠覆式的改变。通过关系学习，企业可以减少无效成本。通过与消费者、供应商等进行沟通、交流、合作、学习，可以提高企业对外部环境的沟通协调能力。通过关系学习企业可以更好地应对来自外部环境中的不确定性因素。关系学习是企业新信息、新资源获取的重要方式，通过与合作伙伴之间相互学习的联合活动，建立彼此之间良好的合作关系，相互分享信息、传播信息、共同理解和解释信息，可使企业间关系保持持续互动。因此，企业通过进行关系学习可以从外部网络中汲取互补性资源与技术，来弥补内部创新能力不足的缺陷。

本书认为关系学习是企业利用合作创新网络实践商业模式创新发展的关键环节。关系学习以合作创新网络关系为基础对外部资源进行吸收与转化，可以弥补内部创新要素不足的缺陷。但同时，企业进行关系学习需要其自身具备适应外部变化的动态能力，以准确评估外部创新资源的适用性。这要求企业能够与时俱进，不断打破固有模式的束缚。本书认为，组织忘记可以打破企业原有的思维方式与认知模式，以使关系学习更顺利地开展，而关系学习借由与其他创新主体的互动与合作会影响其对外部资源的吸收与利用，进而影响企业的创新水平。基于此，本研究提出以下假设：

H2：关系学习在组织忘记与商业模式创新之间起中介效应。

4.1.3 企业开放度的调节作用

随着合作创新网络的形成，向外部合作伙伴学习来进行知识、资源等的创新与再创造是解决企业内部创新高风险与高成本的关键。切萨布鲁夫教授在 2003 年首次提出开放式创新的概念，为企业资源的获取提供了全新的视角，并将其定义为企业通过调整与外部环境的互动程度，有目的地整合、配置内外部创新要素，以缩短创新周期，提高创新效率的过程。他还认为开放式创新是有目的地利用流入和流出资源以加快内部创新（输入式创新）和扩大内部创新外部应用市场（输出式创新）的两个独立过程。在开放式创新范式下，企业边界是模糊与可渗透的，企业可以通过与外部环境互动来获取创新资源，也可以通过将内部研发对外开放以获取多维支持，创新要素的输入与输出促进了企业间异质性与互补性资源的共享，促进了位于外部环境中的资源网络的形成。资源依赖理论认为吸收与运用外部异质性与互补性资源是企业发展多元创新、获取利润差异、建立竞争优势的关键因素。企业开放度是测量企业开放式创新程度的指标，企业可以通过控制与合作伙伴合作的范围、合作的深度等来调整自己的开放度，并且不同的开放度可以产生不同的合作效果。

商业模式创新的重要性日益显现，因此如何实现商业模式创新已成为企业发展的核心问题，也是学术界所讨论的热点话题。然而，外部环境的变化会对公司的商业模式造成冲击，因此，企业需要借助外部的力量。例如，外部技术资源的导入，以回应外部环境改变所带来的影响。因此，商业模式要再创新，借助外部的力量是不可或缺的。商业模式创新的成功主要取决于两个方面：一是，企业是否能够打破固有运营模式以应对快速变化的市场环境；二是，企业是否能够重新整合、配置内外部创新资源，并将外部资源转化为内部价值创造能力。克里斯腾森指出资源的缺乏是商业模式创新的最大障碍，由于资源的分散性和不断变化的特点，即使技术力量雄厚的企业也难以拥有创新所需的全部资源。随着合作创新发展的不断深入，开放式创新已成为企业有效获取、利用外部互补性资源的重要途径，可以促进企业降低研发成本、提高研发效率。巴尼的研究指出组织环境是一个开放的系统，当组织无法完全依靠内部资源进行创新与变革时，就需要打破组织边界，与合作创新网络进行互动，以提高企业创新效率；蒂纳则认为互联网经济时代，企业的开放性对其不断优化商业模式具有促进作用。外部环境中不同种类的资源、知识相互碰撞往往能够为企业创新产生新的灵感，开放式创新可以打破组织边界，为企业间互补性资源的转移提供有效路径。将开放式创新作为企业的发展机制，可以加速资源流入与流出企业的速度，可以很大程度地丰富企业的资源网络，为商业模式的创新带来可能。

因此，本书认为企业对外开放程度的大小会影响企业与外部合作创新网络之间的互动程度。企业开放程度过低时，表明企业与外部基本没有资源、知识、信息等的交换，企业进行变革与创新的效率也就相对较低；而当企业开放程度提高，企业与外部创新网络之间的互动增加，可以强化企业之间的熟悉程度和信任感，为企业获取外部创新资源奠定良好的关系基础。基于此，本书提出以下假设：

H3：企业开放度正向调节关系学习与商业模式创新之间的关系。

H4：企业开放度正向调节关系学习在组织忘记与商业模式创新之间的中介效应。

4.2　理论模型

通过对组织忘记、关系学习、企业开放度和商业模式创新四个变量之间的相关关系进行研究假设，可得出本书整体理论模型，如图 4-1 所示。

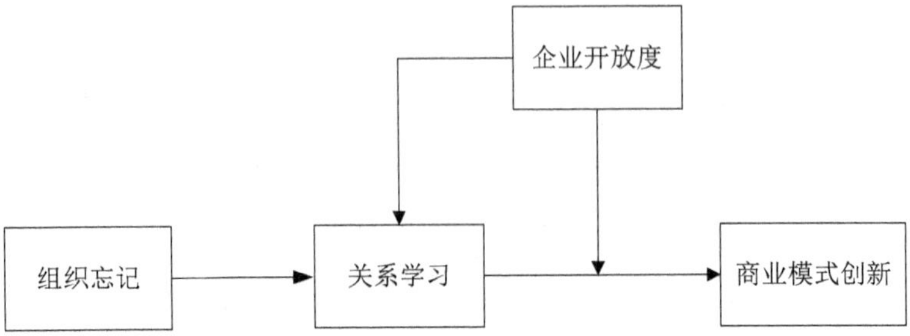

图 4–1　本书的理论模型

第五章 研究设计

本章将对组织忘记、关系学习、企业开放度与商业模式创新四个变量测量量表的选取、调研样本的选择以及数据的信效度分析做出具体介绍。

5.1 变量测量

为了确保测量工具的效度和信度，本研究所采用的都是国内外学者开发的成熟量表，有着较好的信度和效度。在问卷的设计方面，以下所有量表均采用李克特 7 点量表（1=完全不同意，7=完全同意）来进行测度。

5.1.1 组织忘记

对自变量组织忘记的测量，参考了卢艳秋（2014）的研究，共包括“组织忘记能够根据外部环境的变化改变新产品的开发程序；组织能够不断更新内部信息共享机制；企业乐意从不同途径获取新技术；公司会引进和以前公认的经验及技能相冲突的新知识；组织能够不断地优化团队决策流程”5 个条目，量表具体内容如表 5-1 所示。

表 5-1　组织忘记测量量表

变量	条目内容
组织忘记	组织忘记能够根据外部环境的变化改变新产品的开发程序
	组织能够不断更新内部信息共享机制
	企业乐意从不同途径获取新技术
	公司会引进和以前公认的经验及技能相冲突的新知识
	组织能够不断的优化团队决策流程

5.1.2 关系学习

对中介变量关系学习的测量，参考了陈勇（2010）的研究，他依照国内具体情况对塞尔内斯、萨利斯（2003）的量表进行了整合与筛检。量表共包括“企业与伙伴企业之间会互相交流产品开发和经营方面的各种经验；双方会经常共同商讨并解决所遭遇的问题；双方会经常更新人际网络关系”等 10 个条目，量表的具体内容如表 5-2 所示。

表 5-2　关系学习测量量表

变量	条目内容
关系学习	伙伴企业与本企业会互相交流产品开发和经营方面的各种经验
	当市场需求、消费者偏好和行为发生变化，伙伴企业与本企业会互相交流信息
	当市场产业结构发生变化（如合并、并购或联盟），伙伴企业与本企业会相互交流信息
	双方会经常共同商讨并解决所遭遇的问题
	双方会经常共同分析讨论重要的战略议题
	双方会经常调整本行业技术发展趋势的看法
	双方的合作总能带来许多建设性的讨论与想法
	双方会经常面对面的沟通，更新人际网络关系
	双方经常会评估并进一步更新存储在数据库中的资料
	双方会经常评估和更新彼此间的正式合约

5.1.3　企业开放度

对调节变量企业开放度的测量参考了我国学者李玲(2011)以及劳尔森(2005)的研究，量表包括“企业与合作伙伴合作时涉及的资源种类较多、企业与合作伙伴的交流较为频繁、企业与合作伙伴的交流渠道较为通畅”等6个条目。量表的具体内容如表5-3所示。

表5–3　企业开放度测量量表

变量	条目内容
企业开放度	企业的合作伙伴比较多
	企业与合作伙伴合作时涉及的合作范围比较大
	企业与合作伙伴合作时涉及的资源种类比较多
	企业与合作伙伴的交流较为频繁
	企业会采取多种方式与合作伙伴进行交流
	企业与合作伙伴的交流较为通畅

5.1.4　商业模式创新

对因变量商业模式创新的测量参考了郭海（2014）的研究。包括“企业能够为顾客提供价值不断提高的产品和服务；企业采用了新的交易方式；企业能够不断在运营过程中引入新的思想、方法和商品”等7个条目进行测量。量表的具体内容如表5-4所示。

表5–4　商业模式创新测量量表

变量	条目内容
商业模式创新	企业能够为客户提供价值而不断提升的产品或服务水平
	企业能够不断吸引大量的、多样化的新客户
	企业能够不断引入多样化的供应商、伙伴关系等参与者
	企业能够用新颖的方式将各种合作者紧密联系在一起
	企业采用了新颖的交易方式
	企业能够不断在商业模式中引入新的思想、方法和商品
	企业能够不断在商业模式中引入新的运作流程、惯例和规范

5.2 样本选择

本书以问卷调查的方法进行样本数据的收集。我们首先选取天津市部分创新型企业进行预调研，并根据反馈结果和专家的修正意见对问卷进行修改。之后主要针对互联网经济较为发达的北京、上海、天津三个城市进行问卷发放，主要涉及金融、信息技术、电子商务等行业。自 2014 年 6 月至 2014 年 10 月进行了为期 4 个月的问卷发放与回收工作。通过多种途径共发放 400 份调研问卷，其中纸质问卷 200 份，电子问卷 200 份，共回收问卷 365 份，回收率为 91.25%，将回答存在缺失以及回答存在规律性的进行剔除，最终得到 320 份有效问卷，有效回收率为 80%。在进行回归分析之前对问卷进行简单的控制变量分析，从性别来看，男性占 59.06%，女性占 40.94%；从所处职位来看，普通职员占 12.18%，基层管理者占 21.25%，中层管理者占 35.31%，高层管理者占 31.26%；从所处企业年龄来看，5 年以下占 39.93%，5-10 年占 28.43%，10 年以上占 31.64%；从所处企业规模来看，100 人以下占 43.93%，100-500 人占 28.72%，500 人以上占 27.35%；从所处企业产权性质来看，民营企业占 57.18%，国有企业占 26.56%，合资企业占 16.26%。具体如表 5-5 所示。

表 5–5　样本基本特征（N=320）

统计变量	内容描述	人数	百分比
性别	男	189	59.06%
	女	131	40.94%
所处职位	普通职员	39	12.18%
	基层管理者	68	21.25%
	中层管理者	113	35.31%
	高层管理者	100	31.26%

续表

统计变量	内容描述	人数	百分比
所处企业年龄	5 年以下	128	39.93%
	5-10 年	91	28.43%
	10 年以上	101	31.64%
所处企业规模	100 人以下	140	43.93%
	100-500 人	92	28.72%
	500 人以上	88	27.35%
所处企业产权性质	民营企业	183	57.18%
	国有企业	85	26.56%
	合资企业	52	16.26%

5.3　信效度测量

本文的信效度分析采用统计产品与服务解决方案软件 17.0 版及弯矩结构分析 17.0 统计软件计算。

5.3.1　信度测量

信度是指量表所得结果的稳定性和一致性，信度越大，则测量标准误差越小。本书采用内部一致性系数力克龙巴赫α为判断标准，克龙巴赫α的值界于 0 到 1 之间，当大于 0.7 时，认为量表的可信度高可以接受；当大于 0.8 时，认为量表的信度非常好。各变量量表及整体量表的克龙巴赫α值见表 5-6。由表中可以发现所有测量结果均大于 0.8，说明各变量具有良好的可信度。

表 5–6　信度测量结果

变量	组织忘记	关系学习	企业开放度	商业模式创新
克龙巴赫α	0.886	0.917	0.889	0.891

5.3.2 效度测量

由于本研究对所有变量的测量都来自成熟的量表，因此运用弯矩结构分析软件17.0版进行了验证性因素分析，以对变量之间的区分效度进行评估，依此为全因子模型、二因子模型、三因子和四因子模型，这四个模型的拟合效果如图5-1、图5-2、图5-3、图5-4。

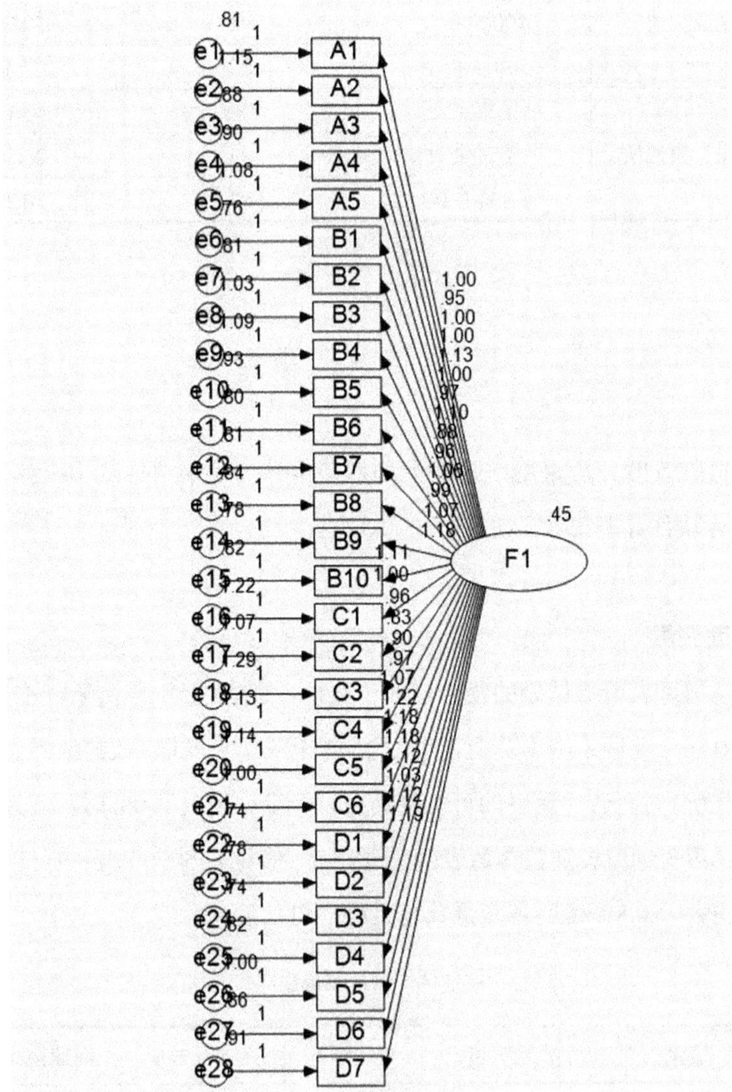

图5–1 全因子模型

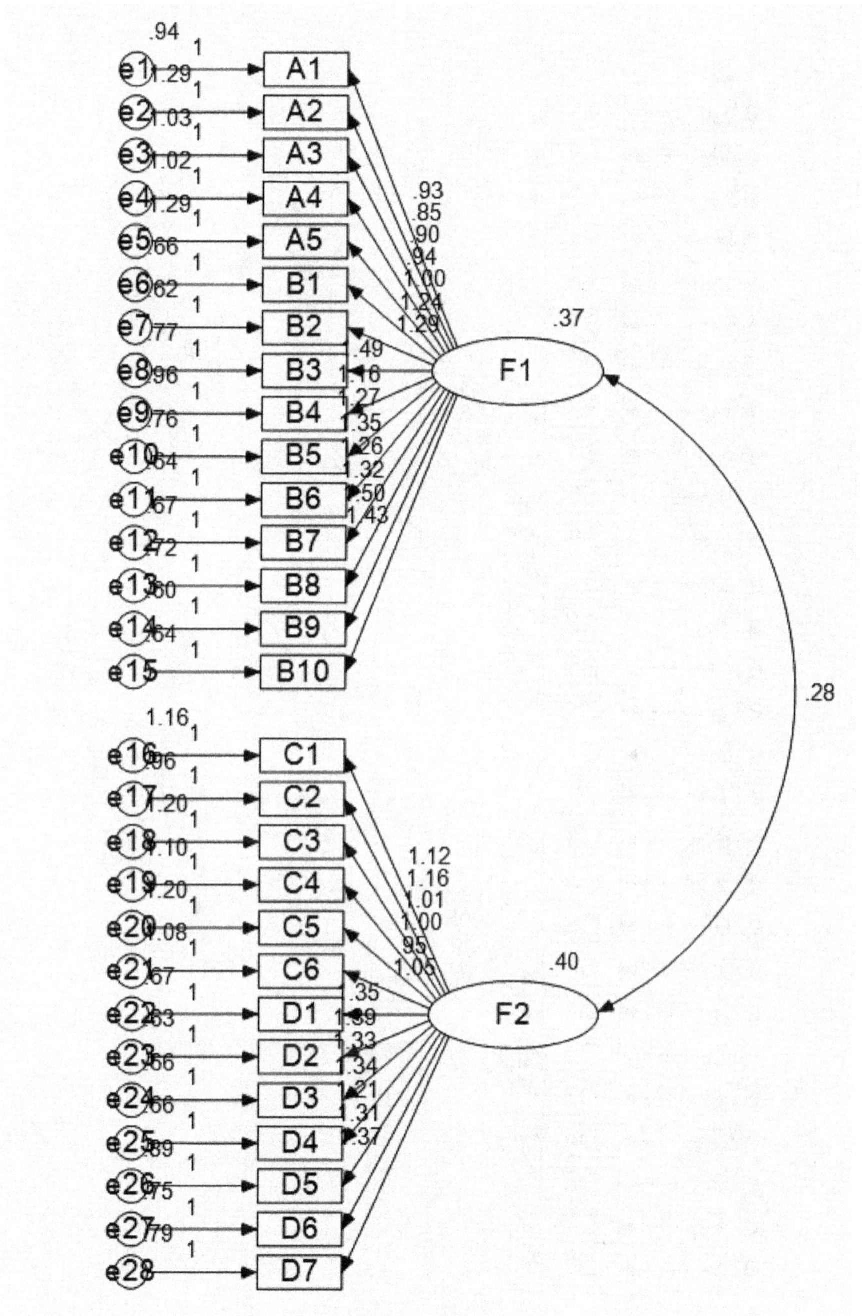
e1
e2
e3
e4
e5
e6
e7
e8
e9
e10
e11
e12
e13
e14
e15
A1
A2
A3
A4
A5
B1
B2
B3
B4
B5
B6
B7
B8
B9
B10
F1
.37
.28
e16
e17
e18
e19
e20
e21
e22
e23
e24
e25
e26
e27
e28
C1
C2
C3
C4
C5
C6
D1
D2
D3
D4
D5
D6
D7
F2
.40

图 5–2　二因子模型

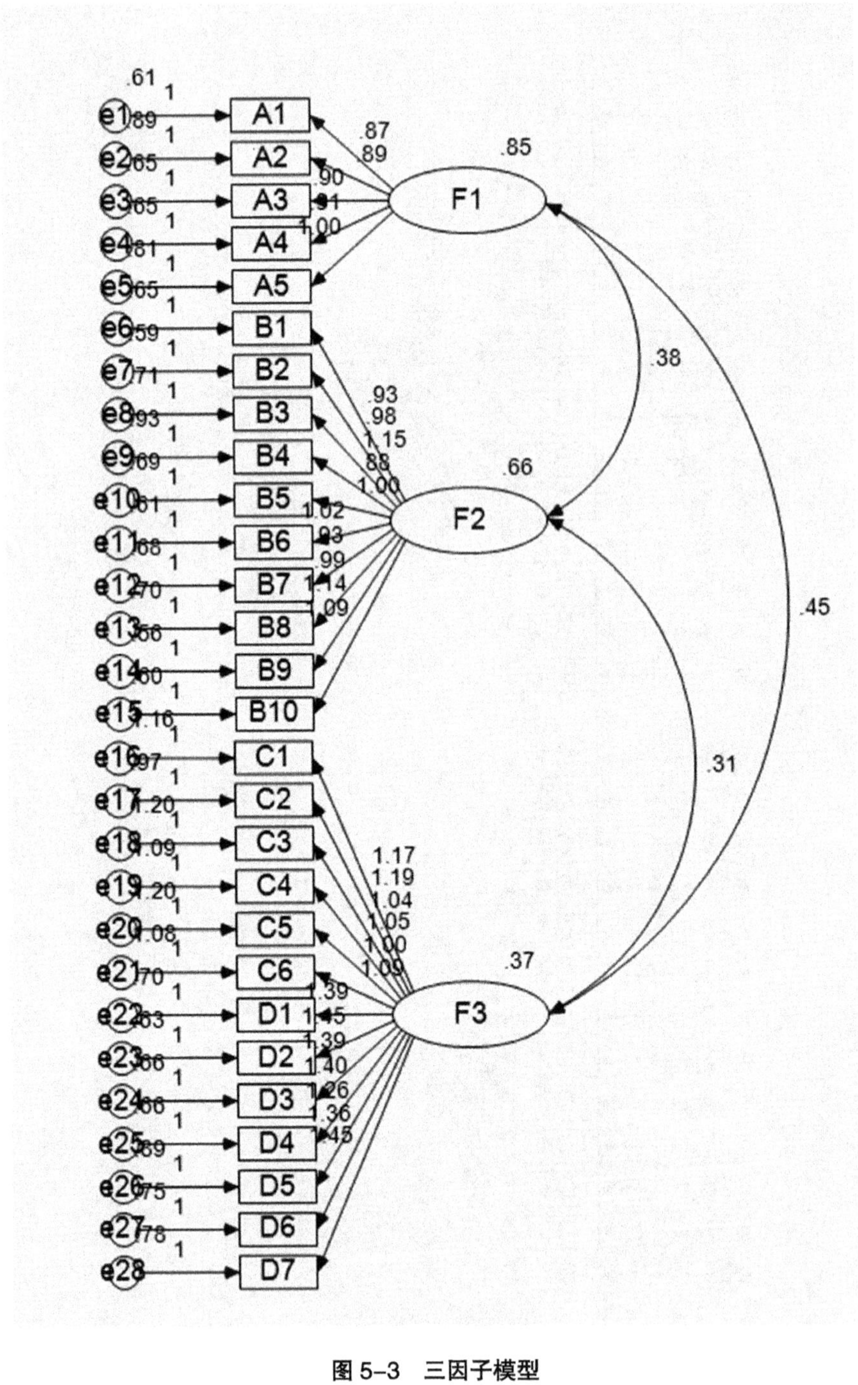
A1
A2
A3
A4
A5
B1
B2
B3
B4
B5
B6
B7
B8
B9
B10
C1
C2
C3
C4
C5
C6
D1
D2
D3
D4
D5
D6
D7
F1
F2
F3
.85
.66
.37
.38
.31
.45
.61
e28

图 5-3　三因子模型

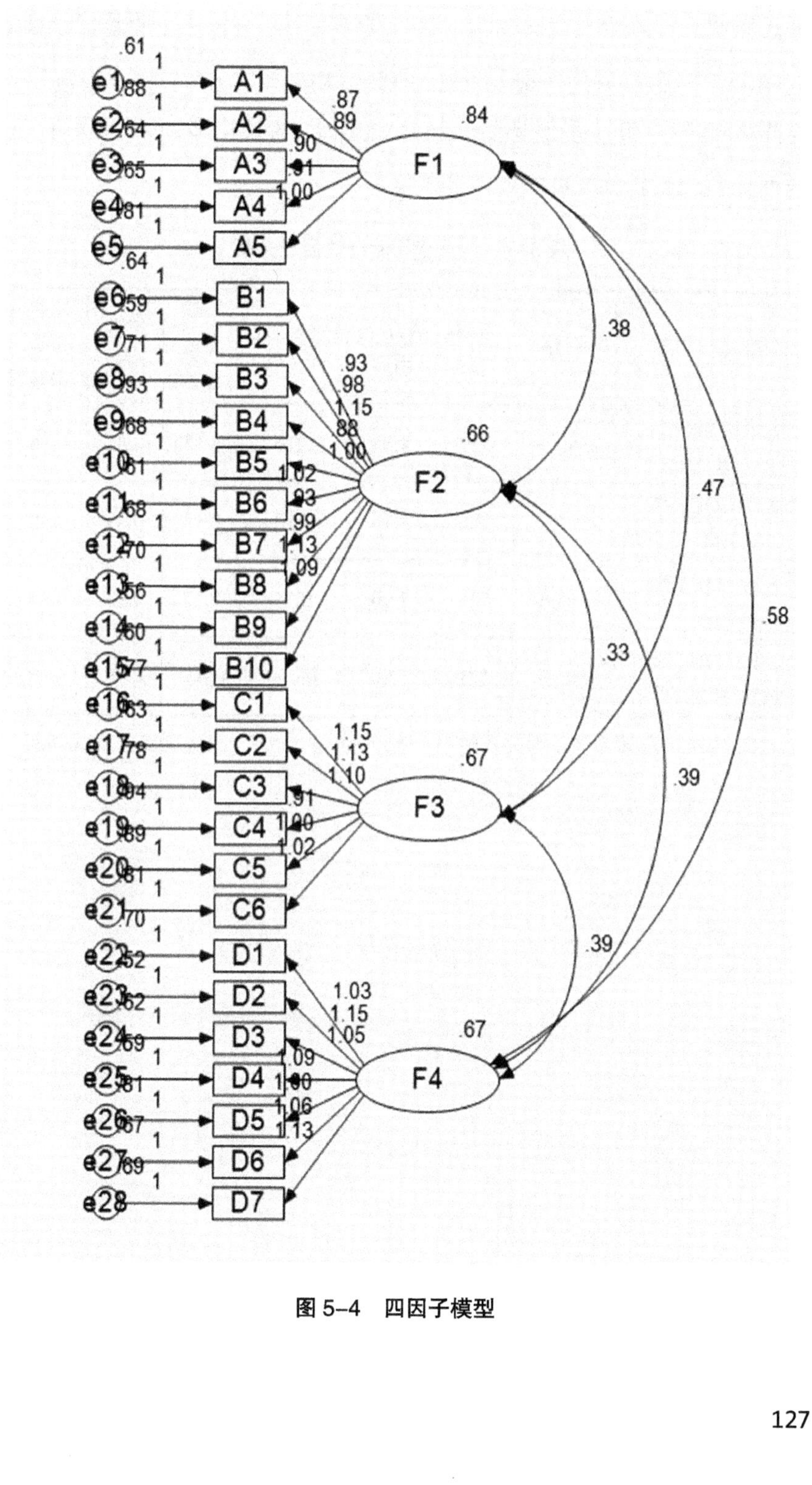
.61
1
e1
.88
A1
.87
.89
.84
1
e2
.64
A2
.90
1
e3
.65
A3
.91
F1
1
e4
.81
A4
1.00
1
e5
.64
A5
1
e6
.59
B1
1
e7
.71
B2
.38
1
e8
.93
B3
.93
.98
1
e9
.68
B4
1.15
.88
1
e10
.61
B5
1.00
.66
1.02
F2
1
e11
.68
B6
.93
.47
.99
1
e12
.70
B7
1.13
1
e13
.66
B8
1.09
1
e14
.60
B9
.58
1
e15
.77
B10
.33
1
e16
.63
C1
1
e17
.78
C2
1.15
1.13
1
e18
.84
C3
1.10
.67
.39
.91
F3
1
e19
.89
C4
1.00
1.02
1
e20
.81
C5
1
e21
.70
C6
.39
1
e22
.52
D1
1
e23
.62
D2
1.03
1.15
1.05
1
e24
.69
D3
.67
1.09
1
e25
.81
D4
1.00
F4
1.06
1
e26
.67
D5
1.13
1
e27
.69
D6
1
e28
D7

图 5-4　四因子模型

通过对比几种测量模型的拟合指数，发现四因素测量模型明显优于其他模型（χ^2/df=1.80；近似误差均方根=0.052；平均方根残差=0.077；拟合指数=0.96；比较拟合指数=0.98；相对适合指数=0.96），这说明，组织忘记、关系学习、企业开放度与商业模式创新具有良好的区分效度。

表 5–7　测量模型验证性因子分析

测量模型	卡方	自由度	卡方/自由度	近似误差均方根	平均方根残差	拟合指数	比较拟合指数	相对适合指数
单因素模型：OU+RL+PO+BM	2560.04	527	4.86	0.16	0.15	0.85	0.86	0.84
二因素模型：OU+RL；PO+BM	2501.95	526	4.75	0.13	0.14	0.89	0.90	0.88
三因素模型：OU；RL；PO+BM	1563.64	524	2.98	0.11	0.12	0.93	0.95	0.93
四因素模型：OU；RL；PO；BM	938.68	521	1.80	0.052	0.077	0.96	0.98	0.96

注：OU 为组织忘记， RL 为关系学习，PO 为企业开放度，BM 为商业模式创新

第六章 数据分析与研究结论

本章首先对调研数据进行描述性统计和相关性分析，在此基础上，进一步进行了中介效应与调节效应的回归分析。并基于假设模型构建与实证分析结果，对研究结果进行总结与探讨。

6.1 描述性统计与相关性分析

在进行假设检验之前，通常要考察变量之间的相关关系。本研究以各条目的均值作为潜变量的数值，首先进行了简单的描述性统计，得到各个变量的均值、方差和相关系数，结果如表 6-1 所示。从表 6-1 数据可以看出：（1）自变量组织忘记与结果变量商业模式创新具有相关性，相关系数为 0.680，显著性 $p<0.001$；（2）中介变量关系学习与结果变量商业模式创新具有相关性，相关系数为 0.540，显著性 $p<0.001$；（3）调节变量企业开放度与结果变量商业模式创新具有相关性，相关系数为 0.510，显著性 $p<0.001$。相关性分析结果显示各变量之间存在显著相关关系，适合进一步检验各变量之间的影响关系。

表 6–1 变量的均值、方差和相关系数

因子	均值	标准差	1	2	3.	4.	5	6	7	8	9
1.性别	1.41	0.49	1.000								
2.所处职位	2.86	0.99	0.049	1.000							
3.企业年龄	1.92	0.84	0.017	0.188	1.000						
4.企业规模	1.85	0.83	0.091	-0.016	-0.043	1.000					
5.企业性质	1.59	0.75	0.099	0.175	0.103	0.042	1.000				
6.组织忘记	4.83	0.91	-0.028	-0.054	-0.050	0.007	-0.170	1.000			
7.关系学习	4.66	0.86	-0.088	0.055	0.077	-0.010	0.058	0.454***	1.000		
8.企业开放度	4.72	0.94	-0.076	0.091	0.087	0.044	0.028	0.528***	0.438***	1.000	
9.商业模式创新	4.68	0.93	-0.043	-0.044	0.003	-0.023	-0.093	0.680***	0.540***	0.510***	1.000

注：相关系数显著性水平*表示 $p<0.05$；**表示 $p<0.01$；***表示 $p<0.001$

6.1.1 假设检验

为对研究假设进行验证，本书运用统计产品与服务解决方案软件 17.0 版对数据进行多层回归分析。在多层回归分析之前，已经将潜变量进行了中心化处理，以减少共线性，下面针对各个假设分别做出说明。

6.1.2 主效应检验

主效应用来检验组织忘记对商业模式创新的影响，按照线性回归分析步骤。本书首先将控制变量性别、所处职位、企业年龄、企业规模、企业性质加入回归方程中，得出模型 1；其次再将自变量组织忘记加入回归方程中进行分析，得出模型 2。数据分析结果如表 6-2 所示。

表 6–2　关系学习中介作用回归分析表

变量	商业模式创新	
	模型 1	模型 2
控制变量		
性别	-0.103	-0.084
所处职位	0.017	0.041
企业年龄	0.069	0.041
企业规模	-0.004	-0.001
企业性质	0.050	0.098
自变量		
组织忘记		0.547***
解释方差 R^2	0.018	0.314
拟合系数变化（ΔR^2）	0.018	0.296***
方差检验量（F）	1.166	23.875
方差检验变化（△F）	1.166	134.935***

注：相关系数显著性水平*表示 $p<0.05$；**表示 $p<0.01$；***表示 $p<0.001$

对表 6-2 的数据进行分析如下：由模型 1 可以看出，在加入控制变量后模型解释结果变量商业模式创新的方差为 1.8%（F=1.166，相关系数>0.05），这说明性别、所处职位、企业年龄等控制变量对结果变量商业模式创新没有显著影响。通过在模型 2 中加入自变量组织忘记后，模型的解释能力增加了 29.6%（△F=134.935，P<0.001），同时组织忘记对商业模式创新的影响系数为 0.547，支持了假设 H1 的成立。

6.1.3　中介效应检验

图 6–1　中介效应验证的基本原理

为了验证关系学习在组织忘记与商业模式创新之间的中介作用，本书采用巴伦和基尼（1986）给出的经典方法对其进行检验。按照多层次回归分析方法的步骤，第一步将控制变量性别、所处职位、企业年龄、企业规模、企业性质，自变量组织忘记，中介变量关系学习依次加入因变量为商业模式创新的回归方程中，分析结果如表 6-3 所示。第二步将控制变量性别、所处职位、企业年龄、企业规模、企业性质，自变量组织忘记依次加入因变量为商业模式创新的回归方程中，分析结果如表 6-4 所示。

表 6–3　关系学习中介作用回归分析表（1）

变量	商业模式创新		
	模型 1	模型 2	模型 3
控制变量			
性别	-0.103	-0.084	-0.086
所处职位	0.017	0.041	0.035
企业年龄	0.069	0.041	0.050
企业规模	-0.004	-0.001	-0.008
企业性质	0.050	0.098	0.059
自变量			
组织忘记		0.547***	0.418***
关系学习			0.191**
解释方差 R^2	0.018	0.314	0.333
$\triangle R^2$	0.018	0.296***	0.019**
F	1.166	23.875	22.270
$\triangle F$	1.166	134.935***	8.984**

注：相关系数显著性水平*表示 $p<0.05$；**表示 $p<0.01$；***表示 $p<0.001$

表 6–4　关系学习中介作用回归分析表（2）

变量	关系学习	
	模型 1	模型 2
控制变量		
性别	-0.013	0.009
所处职位	0.004	0.034
企业年龄	-0.014	-0.049
企业规模	0.032	0.036
企业性质	-0.071	-0.013
自变量		
组织忘记		0.672***
关系学习		
解释方差 R^2	0.030	0.476
△R^2	0.030	0.446***
F	1.949	47.454
△F	1.949	266.734***

注：相关系数显著性水平*表示 $p<0.05$；**表示 $p<0.01$；***表示 $p<0.001$

表 6-3 中模型 2 显示，组织忘记对商业模式创新具有显著的正向影响（β=0.547，P<0.001），这满足中介效应检验的第一个条件；表 6-4 中模型 2 显示，组织忘记对关系学习具有显著地正向影响（相关系数=0.672，显著性<0.001），这满足中介效应检验的第二个条件；表 6-4 中模型 3 显示，当自变量和中介变量同时对因变量进行回归时，组织忘记对商业模式创新的影响系数由 0.547（P<0.001）减少至 0.418（P<0.001），并且关系学习对商业模式创新具有显著正向应影响（β=0.191，P<0.01）。并且由表 6-3 可以看出，在增加了关系学习作为中介变量后，模型的解释能力增加了 1.9%（△F=8.984，P<0.01）。这说明关系学习部分中介组

织忘记对商业模式创新的正向影响。因此，假设 H2 得到验证。

6.1.4 调节效应检验

图 6-2 是检验调节效应的基本原理，如果交互效应（自变量*调节变量）是显著的，则调节效应即可以得到验证。

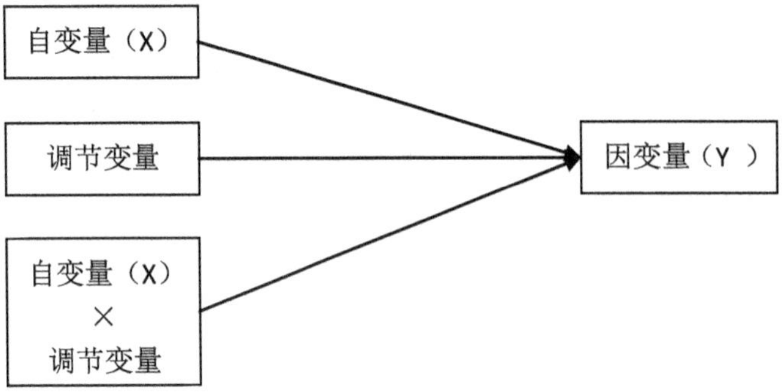

图 6–2 调节效应验证的基本原理

为了检验企业开放度的调节效应，按照多层次回归分析方法的步骤，第一步将控制变量性别、所处职位、企业年龄、企业规模、企业性质加入回归方程中，结果如模型 1 所示；第二步将关系学习加入回归方程中，结果如模型 2 所示；第三步将调节变量企业开放度加入回归方程，结果如模型 3 所示；第四步将关系学习与企业开放度的交互项加入回归方程，结果如模型 4 所示。下面针对表 6-5 做出具体解释。

表 6–5 企业开放度调节作用回归分析表

变量	商业模式创新			
	模型 1	模型 2	模型 3	模型 4
控制变量				
性别	-0.103	-0.096	-0.074	-0.071

续表

变量	商业模式创新			
	模型 1	模型 2	模型 3	模型 4
所处职位	0.017	0.015	-0.002	-0.006
企业年龄	0.069	0.076	0.060	0.060
企业规模	-0.004	-0.020	-0.029	-0.006
企业性质	0.050	0.082	0.060	0.055
自变量				
关系学习		0.478***	0.344**	0.351***
企业开放度			0.244***	0.225***
关系学习*企业开放度				0.197***
解释方差 R^2	0.018	0.240	0.281	0.318
ΔR^2	0.018	0.222***	0.041**	0.038**
F	1.166	16.464	17.378	18.159
ΔF	1.166	91.221***	17.693***	17.253***

注：相关系数显著性水平*表示 p<0.05；**表示 p<0.01；***表示 p<0.001

从表 6-5 中的模型 4 可以看出，关系学习与企业开放度的交互项效应显著（β=0.197，p<0.001），并且在加入了交互项后，模型的解释能力增加了 3.8%（△F=17.253，P<0.001），也就是企业开放度在关系学习与商业模式创新之间起到显著的调节作用。这说明，企业开放程度越大，关系学习与商业模式创新之间的关系就越显著，即假设 H3 成立。为了更直观地反映企业开放度的调节作用，本书依据中介变量关系学习和调节变量企业开放度的平均数将样本拆成“高高”“高低”“低高”“低低”四种情况，画出了调节效应图。以探究企业在不同开放程度下关系学习对商业模式创新的影响差异，具体如图 6-3 所示。

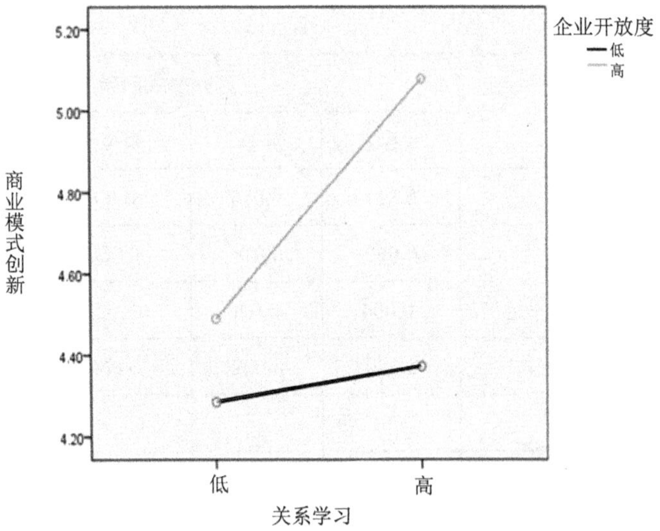

图 6–3　不同企业开放程度下关系学习对商业模式创新的影响差异

低开放度水平为开放度均值减去一个标准差，高开放度水平为开放度均值加上一个标准差；

第一阶段指从组织忘记到关系学习，第二阶段指从关系学习到商业模式创新；

直接效应指从组织忘记到商业模式创新，间接效应指第一阶段与第二阶段路径系数的乘积。

第一阶段、第二阶段、直接效应的显著性遵循简单斜率检验流程；间接效应显著性为布莰特拉普所得。

第一阶段、第二阶段、直接效应差异的显著性为对应交互项的显著性。

利用回归分析得出企业开放度对其他阶段（组织忘记到关系学习、组织忘记到商业模式创新）的调节效应分别得到表 6-6、表 6-7 的数据。表中显示，企业开放度对组织忘记到关系学习之间的调节效应不显著（β=0.041，p>0.05），对组织忘记到商业模式创新之间的调节效应不显著（β=0.058，p>0.05）。之后，本书采用爱德华和兰伯特（2007）一般分析框架中的调节路径分析方法来检验企业开放度对关系学习中介效应的影响。根据表 6-6 与表 6-7 相关数据，计算得到表 6-8

中所示数据。从中可以看出，第一阶段（组织忘记到关系学习）在低开放度水平和高开放度水平时差异不显著（β=0.078，P>0.05），第二阶段（关系学习到商业模式创新）在低开放度水平和高开放度水平时差异显著（β=0.370，P<0.001），直接效应（组织忘记到商业模式创新）在低开放度水平和高开放度水平时差异不显著（β=0.109，P>0.05）。另外，第一阶段与第二阶段系数相乘得到间接效应系数（中介效应系数）。通过对比表 6-8 中的间接效应数据可以发现，在低开放度水平时，关系学习的中介效应较小（β=0.185，P<0.001），在高开放度水平时，关系学习的中介效应较大（β=0.450，P<0.001），并且在不同程度开放度水平下间接效应的差异是显著的（β=0.265，P<0.001）。由此可得，企业开放度正向调节关系学习的中介效应明显，假设 H4 得到验证。

表 6–6　企业开放度调节作用回归分析表（1）

变量	关系学习			
	模型 1	模型 2	模型 3	模型 4
控制变量				
性别	-0.013	0.009	0.031	0.033
所处职位	0.004	0.034	0.009	0.009
企业年龄	-0.014	-0.049	-0.057	-0.057
企业规模	0.032	0.036	0.021	0.019
企业性质	-0.071	-0.013	-0.024	-0.023
自变量				
组织忘记		0.672***	0.536***	0.531***
企业开放度			0.264***	0.267***
组织忘记*企业开放度				0.041
解释方差 R^2	0.030	0.476	0.526	0.528
△R^2	0.030	0.446***	0.050***	0.002
F	1.949	47.454	49.509	43.471
△F	1.949	266.734***	32.861***	1.094

注：相关系数显著性水平*表示 p<0.05；**表示 p<0.01；***表示 p<0.001

表 6-7　企业开放度调节作用回归分析表（2）

变量	商业模式创新			
	模型 5	模型 6	模型 7	模型 8
控制变量				
性别	-0.103	-0.084	-0.068	-0.064
所处职位	0.017	0.041	0.022	0.022
企业年龄	0.069	0.041	0.035	0.035
企业规模	-0.004	-0.001	-0.103	-0.015
企业性质	0.050	0.098	0.089	0.091
自变量				
组织忘记		0.547***	0.444***	0.438***
企业开放度			0.199***	0.204***
组织忘记*企业开放度				0.058
解释方差 R^2	0.018	0.314	0.342	0.346
$\triangle R^2$	0.018	0.296***	0.028***	0.003
F	1.166	23.875	23.204	20.539
△F	1.166	134.935***	13.470***	1.582

注：相关系数显著性水平*表示 p<0.05；**表示 p<0.01；***表示 p<0.001

表 6-8　调节路径分析

调节变量	阶段		效应	
	一	二	直接	间接
低开放度	0.633***	0.293***	0.492***	0.185***
高开放度	0.711***	0.663***	0.601***	0.450***
差异	0.078	0.370***	0.109	0.265***

注：样本量=320；相关系数显著性水平*表示 p<0.05；**表示 p<0.01；***表示 p<0.001；

6.2　研究结论

通过回归分析，验证了提出的研究假设，实证分析的结果如表 6-9 所示。

表 6–9　实证检验结果

假设内容	实证结果
假设 1：组织忘记对商业模式创新具有正向影响	支持
假设 2：关系学习在组织忘记与商业模式创新之间起中介效应	支持
假设 3：企业开放度正向调节关系学习与商业模式创新之间的关系	支持
假设 4：企业开放度正向调节关系学习在组织忘记与商业模式创新之间的中介效应	支持

由上表实证检验结果可知，组织忘记对商业模式创新具有正向影响；关系学习在组织忘记与商业模式创新之间起中介效应；企业开放度正向调节关系学习与商业模式创新之间的关系；企业开放度正向调节关系学习在组织忘记与商业模式创新之间的中介效应。

6.2.1　组织忘记与商业模式创新之间的关系

组织忘记对商业模式创新具有正向影响。这与陈春花、曾俊健等人的研究结果是一致的。对于现在的商业环境而言，唯一不变的只剩下“变”，企业现有的理念、惯例、行为方式等都是之前作用的结果。企业的商业模式创新，就是给客户提供新形式的服务。应该更加适应市场的需求，结合已有特点进行调整和改进。在提供新产品的同时，也要不断提升自己的服务水平。例如，亚马逊经营图书销售业务，产品的性质和其他零售店没有差异，但因为采用了不同的销售方法，获得了巨大的收效。因此，企业在进行创新的过程中，及时摒弃现有惯例、信念的束缚是非常必要的，同样企业要进行商业模式创新就必须从根本上改变其思维方式与行为特点，因为固有的组织习惯会影响企业进行商业模式创新。组织忘记是组织进行自我更新的一种能力，具有一定的目的性和主动性，它能够消除组织中固有的认知结构，改善认知模式，摒除旧的规范、惯例和行为习惯，为企业获取外部新知识、建立新旧知识的融合机制、加速新知识的价值创造扫除障碍。因此，企业要进行商业模式创新就需要不断地进行自我反省与自我反思，不断进行组织忘记，质疑并挑战固有的认知模式。

6.2.2 关系学习的中介作用

关系学习在组织忘记与商业模式创新之间起中介效应。从企业实践角度来看，商业模式创新需要企业能够勇于革新，淘汰旧事物、引进新事物，不断打破现存的"安逸"状态。由于企业资源异质性的限制，仅仅依靠内部资源进行创新是缓慢而且低效的。但同时，企业所处关系网络中的资源是多样并丰富的，每一家公司的可持续发展模式都有自己的独到之处，但是他们之间也有重要的相似的地方，这些共通的网络关系可以为想要寻求商业模式创新的企业带来启发和方向。于是企业可以根据具体的创新需求进行跨组织合作与学习，充分利用关系网络中的有效资源，来提高自身的创新能力。正如佐特、切萨布鲁夫的系列研究，企业间学习可以促进资源的重新配置及知识结构等的重新设计，只有进行不断地学习才能够获得应对外部环境变化的创新能力。关系学习通过对外部资源的消化吸收与再创新，使其转化为内部价值创造能力，以达到应对外部环境变化的目的，同时，组织忘记可以使企业适当摒弃固有的认知理念、思维方法，为新模式、新能力的实施与新资源的存储提供空间，也为企业间进行关系学习提供相应的记忆存储空间，并且不断改善认知模式、进行自我更新的企业也会更容易从关系网络中汲取自身发展所需的资源要素等。

6.2.3　企业开放度的调节作用

企业开放度正向调节关系学习与商业模式创新之间的关系，正向调节关系学习在组织忘记与商业模式创新之间的中介效应。这与哈格多恩的研究结果是一致的。资源基础理论认为，企业与企业之间的不同在于每个企业所拥有资源的差异性。资源的差异会造就经营的差异、利润的差异等，是企业建立竞争优势的基础，但同时资源的差异性也局限了企业的经营范畴，阻碍了企业的全方位发展与多层次创新。组织环境是一个开放的系统，当组织无法完全依靠内部资源进行创新与变革时，就亟须打破组织边界，与关系网络中拥有相关资源的企业进行沟通、学习与合作，以提高内部创新能力。随着顾客需求越来越多样化和个性化，仅仅依靠内部资源进行创新是效率低下的，企业对外开放度的大小会影响企业与外部合作伙伴之间互补性或异质性资源的共享程度。因此，企业开放度越大，越能促进企业创新能力与创新绩效的提升。在高开放度水平下，企业与外部合作创新网络会有更多的互动，创新主体之间的相互接触也更多，能够吸收与利用更广泛的创新资源促进企业进行价值创造；而当企业开放程度较低时，企业与外部环境之间较少进行信息、资源的沟通与交换，仅依靠内部资源进行创新是缓慢并且低效的。

第七章　机制构建

在开放式创新模式下，创新不再是一个简单的、线性的过程，而是一个基于开放环境的复杂的反馈机制，企业的资源和能力诉求已经由封闭式创新模式下的内部积累导向，转向开放网络环境下由知识流入、流出产生的共享共赢价值生成导向。企业商业模式创新在这种环境下，需要企业建立良好的运作机制才能顺利进行。企业开放度对企业的管理模式、创新方式、激励方式以及竞争合作形式都有影响，因此，我们以企业开放度为背景，对企业商业模式创新的机制进行深入研究分析。

本章结合上一章对研究结果的总结分析，从管理、激励、创新以及市场四个角度，分别构建了管理机制、激励机制、基于价值共创的创新机制、市场机制下的竞争机制和风险机制，以保证企业商业模式创新的顺利进行。

7.1　管理机制

对于管理机制的构建，本书从企业的开放式创新机制、组织学习机制以及合作信任机制三个方面进行研究。企业通过加强与外部环境之间的沟通、交流、学习等互动，与外部组织网络合作进行创新活动，以获得所需资源。在此过程中，开放式创新促进了资源的转移和扩散，组织之间相互学习能够辨识、吸收与转化外部资源，促进自身企业引进、吸收与转化外部创新资源，进而转化为内部价值创造能力，组织间的信任促进企业之间的持续互动，从而促进企业之间更长久的合作与发展，最终提高企业的绩效。企业绩效提高后，加大了企业对于未来的预期，又会进一步促进企业的发展，最后形成良好的循环。

7.1.1 构建开放式创新机制，促进企业资源网络开发

开放式创新的本质就是企业从外部获取技术、知识等创新资源与其内部有价值的创意、人才等资源结合，结合内外部优势进行技术创新，建立持续竞争优势，进而提高创新绩效。在互联网经济背景下，商业模式创新成为企业获得持续竞争优势的主要来源。然而，商业模式创新需要企业能够合理配置内外部资源，单个企业不可能具备实现商业模式创新的所有要素。与外部组织创新网络进行创新活动合作，获得所需资源的开放式创新就成为企业技术商业模式创新的主要模式。在该模式下，外部资源的探索、利用以及内部资源的外部利用成为企业创新的重要特征。企业与多个外部创新主体，例如高校、科研机构、政府部门、其他企业、咨询类和代理类中介机构等，进行信息交流、共享与合作，以实现资源在创新网络中的共享和转移，促进知识再生产，提高企业的创新绩效。

外部环境中不同种类的资源、知识相互碰撞往往能够为企业创新产生新的灵感，开放式创新可以打破组织边界，为企业间互补性资源的转移提供有效路径。因此，只有建立开放式创新机制，企业才可以加速资源流入与流出企业的速度，才可以在很大程度上丰富企业的资源网络，为商业模式的创新带来可能。

现有研究在开放式创新的过程划分上主要有两种观点：两过程论和三过程论。两过程论的观点分别从输入和输出的角度对开放式创新的过程进行划分。比安基把开放式创新看成是输入和输出两个过程，以创新活动沿着时间维度的进展识别了三种创新活动：许可协议（引进和输出）、非股权联盟、科技服务购买和出售，并且用一幅三维图表示了开放式创新中研发过程、组织模式和合作对象的相互关系，表明三者之间任何一方特征的变动，都会对其他两个维度的特征产生影响。如图 7-1 所示。

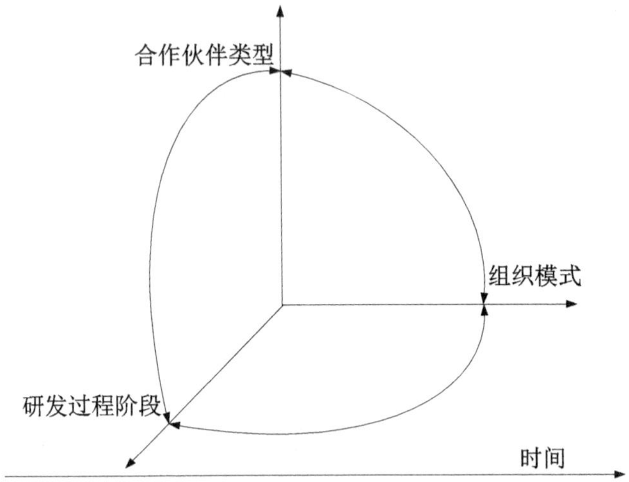

图 7–1　开放式创新两过程的研究

三过程论是在两过程论的基础上增加了一个过程，可是在具体的分类准则上却存在不同的观点。提出开放式创新范式包含三个关键的组成部分：①通过广泛的内外渠道获取知识；②通过多种内外途径开发有效的占有策略；③开发企业识别、吸收、利用外部专有知识并将它们成功地整合到内部知识库，归纳起来就是输入、输出和整合三个过程。以企业为样本，识别了三个核心开放式创新过程——输入、输出、耦合：输入过程，通过整合供应商、顾客和外部知识源丰富企业知识库，可以增强企业的创新性；输出过程，在不同的市场上对企业创意进行外部开发，通过销售知识产权和放大技术打通企业创意与外部环境之间的连接渠道；耦合过程，通过与互补性企业合作将输入过程和输出过程联结起来，其中给予和拿来是成功的关键。开放式创新三过程如图 7-2 所示。

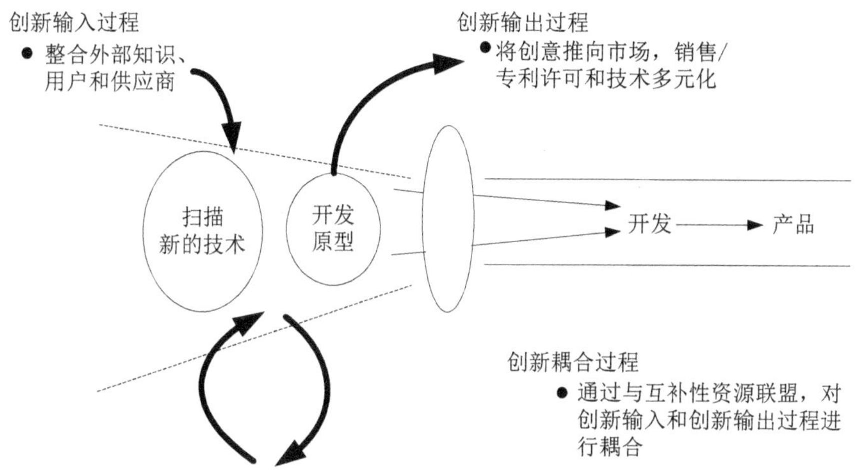

图 7-2 开放式创新三过程

7.1.2 构建组织学习机制，促进企业知识价值创造

学习是构建新的或更复杂的观点和知识体系的过程，它要求组织能够评论、使用、甚至破坏固有的认知和理解方式。组织忘记能够改变企业原有的认知方式和运营规则，是企业创新的前提。关系学习是不断接纳、吸收新知识的过程，然而组织的记忆系统是有限的，因此只有有效进行组织忘记，消除原有无用、低效的旧知识，才能为组织提供更大的记忆存储空间，才能够提高新知识的搜索速度和利用效率，进而才有可能促进商业模式的变革与创新。

组织学习是企业将数据转化为信息，将信息转化为知识，并将知识储存、传递、应用、转换和创新的过程，在大量尝试错误的活动中使过程、程序不断优化，最终帮助组织获取竞争优势。为了尽可能地减少不确定性，并且成功地抓住机遇，企业在组织忘记的基础上，通过加强与外部环境之间的沟通、交流、学习等互动与合作，促进企业引进、吸收与转化外部创新资源，将组织学习的重点逐渐转向利用组织内部现有知识或者从合作伙伴及公共资源上获取外部知识，进而转化为内部价值创造能力，以促进企业进行商业模式创新。实现这一吸收转化过程的最有效路径便是构建组织学习机制。资源最大的优势在于创造性，但是企业直接拿来外部资源是没有任何意义的。因此，只有建立完善的组织学习机制，将外部资源消化吸收，真正转化为企业的内部能力，才能从根本上促进企业进行商业模式创新。

组织学习机制的建立。首先，组织学习是企业、部门、团队甚至个人获取有价值知识的过程，并且将组织学习过程划分为知识获取、信息传递、信息解析、组织记忆四个环节；通过这四个环节，企业不断进行组织学习，如图 7-3 所示。

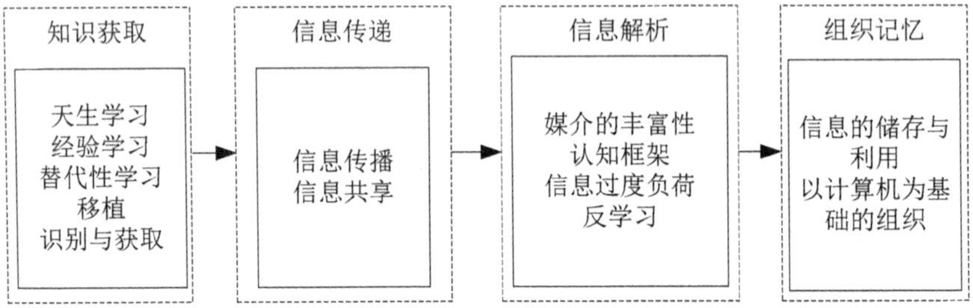

图 7–3 组织学习过程

其次，组织学习包括学习承诺、共同愿景和开放心智三个维度，组织学习通过这三个维度对创新绩效均有显著正向影响，开放式创新、组织学习以及创新绩效三者之间的关系如图 7-4 所示。这一结论与学者们过去的研究成果是一致的，这也为企业构建学习型组织、在企业内部构建良好的组织学习氛围以提高创新绩效提供了进一步的理论支持。企业应该格外重视员工学习，将其视为企业生存的一个必要条件，才能鼓励员工主动学习，组织的创新活动才会更高效地完成。企业应该建立共同愿景，并将其逐级分解到每个层级、部门，分享给企业员工，使他们有一个明确的奋斗目标，并主动为这个目标担负起责任。这无疑会增加企业的凝聚力，使企业更有力量解决创新过程中出现的难题。企业应该鼓励员工用开放性思维思考问题，鼓励员工勇于对企业运营等提出质疑和意见，对于员工提出的创意和想法应该给予足够的重视。这样，企业内部才会有源源不断的新创意产生，企业才能真正成为一个有活力的组织。

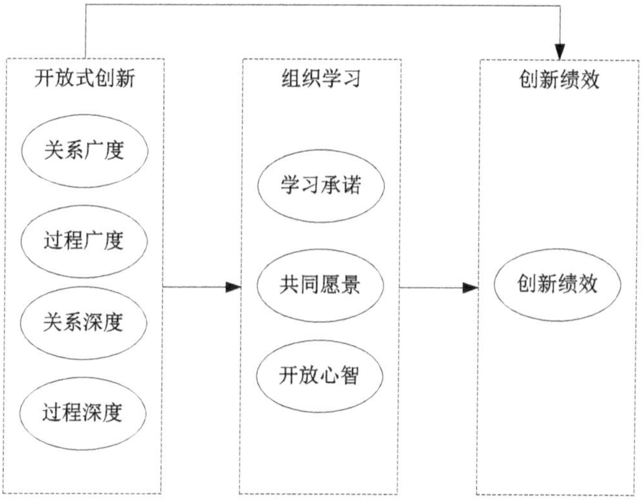

图 7–4　组织学习通过这三个维度对创新绩效的影响机理

从组织学习方式来看，来自外部的经验和思想被认为是组织学习的重要工具，组织应将内部学习和外部学习相结合；从组织学习的过程来看，利希腾塔尔和恩斯特（2006）认为开放式创新下的组织学习可以通过知识获取（自制或购买）、知识整合（或关联）和知识利用（保留或出售）来实现。从组织学习的机制来看，开放式创新的广度对探索型学习具有更显著的促进作用，而深度和广度更有利于组织开展挖掘型学习。组织学习在开放式创新中起到了中介的作用，如图 7-5 所示。

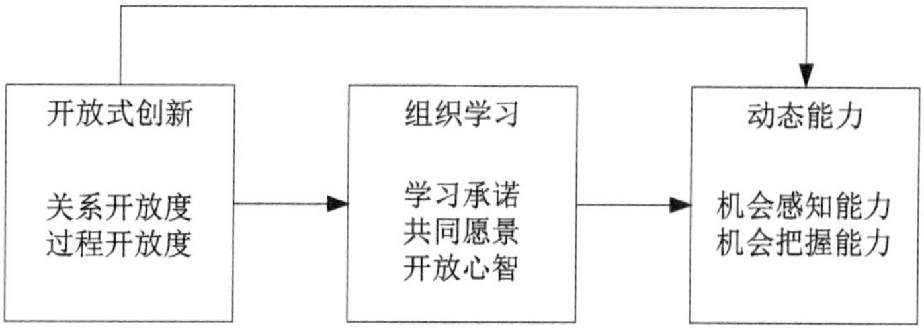

图 7–5　组织学习在开放式创新中起的中介作用

7.1.3 构建合作信任机制，促进企业间关系持续互动

开放式创新促进了资源的转移和扩散，关系学习能够辨识、吸收与转化外部资源，它们为企业的发展与创新带来了更多的机会与可能性，但同时也增加了企业的风险，因为企业的关键资源、核心知识等更容易泄露，在一定程度上会导致企业的创新过程更加难以管理和控制，增加企业的风险。对此，本书提出构建企业间良好的合作信任机制。首先要完善企业之间资源获取的制度规范；其次要保证参与企业能够合理分享合作绩效中的利益分配。尽量做到合作创新过程中的公平公正，以保证资源流动的安全性，使参与者能够合理分享合作绩效中的利益分配，只有这样才能促进企业之间的持续互动，才能促进企业之间更长久的合作与发展，为商业模式的变革与创新营造良好的氛围。

企业合作信任机制的建立主要有四步：

第一，企业间信任的建立。

在企业合作的过程中，双方组织成员文化及价值观的差异往往会造成冲突，进而造成合作的失败。深层次的原因，主要还是双方组织成员无法相互信任，无论是相互适应或协商沟通都遇到困难。只要通过建立彼此之间的信任，增加沟通效率与效果以化解冲突，才能促进双方的合作。首先是信任在企业中的地位。当企业间进行合作时，常不可避免地面临不少任务或协调上的不确定性，未来发展的不确定性，以及合作伙伴在未来时间处理上如何回应的不确定性。因此，信任在知识分享过程中起了非常重要的作用，如图 7-6 所示。

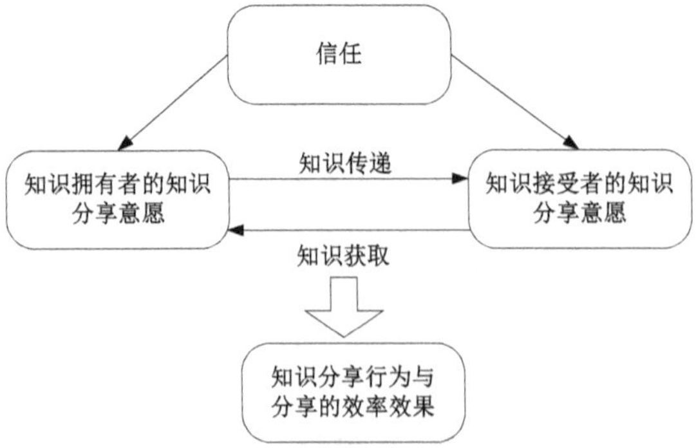

图 7–6 信任在知识分享过程中的作用

通过对以上信任在知识分享过程中的作用分析，本书认为信任关系的强化可以从如下几个方面进行：构建交易积累、可信承诺、建立共识与网络构建，如图7-7 所示

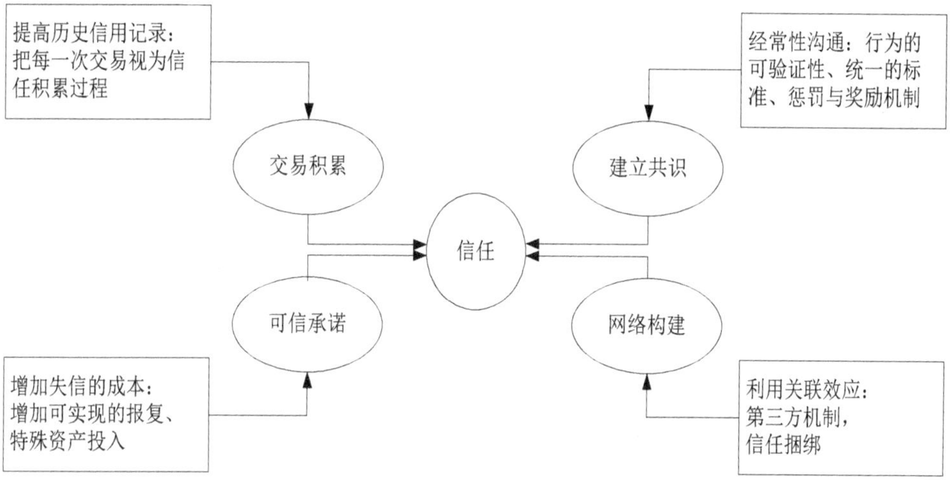

图 7–7　信任关系模型

第二，企业之间有了信任后，开始进行合作。

合作是为了利用目前的资源和能力，或是为了探索新的机会。通过与竞争对手或互补性产品的供应商合作可以获得关键需求，这有助于降低成本及向客户提供更丰富的产品或服务，合作可以使企业共同走向专业化，让合作伙伴都集中精力发展最适宜于其资源和能力的活动。

企业合作的方式可以归结为五力合作模型，可以从产业内企业间合作、潜在竞争者、供应商、客户、相关产品生产厂商这五大方面来考察企业间合作的模式。其模型如图 7-8 所示。

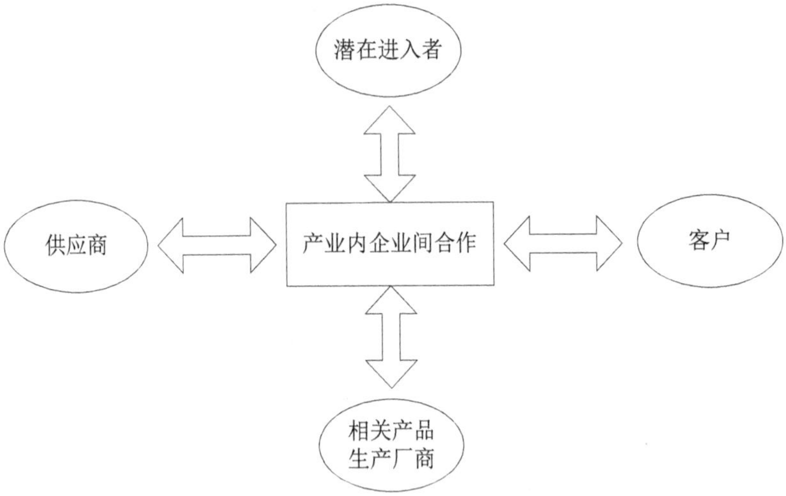

图 7–8　五力合作模型

第三，有了前两方面的基础，企业建立了合作信任机制。

信任作为减少这种复杂性的有效机制，使得人际及组织运作可以在比较简单且可靠的基础上运作，因为信任可以促进合作使得经济交换更有效率，而且可以降低组织内或组织间交换时所产生的风险及成本，如监控成本、缔约成本、交易成本等。根据前述的研究中对企业间信任维度的划分，企业间信任分为联结型、计算型、制度型三个维度。企业间信任产生的三个层次因素与企业间信任的三个维度相对应，即个人因素产生联结型信任、企业因素产生计算型信任、制度因素产生制度型信任。个人因素、企业因素、制度因素通过作为中介变量的联结型信任、计算型信任、制度型信任，对合作产生影响。这称为企业间信任与合作的三层次模型。如图 7-9 所示。

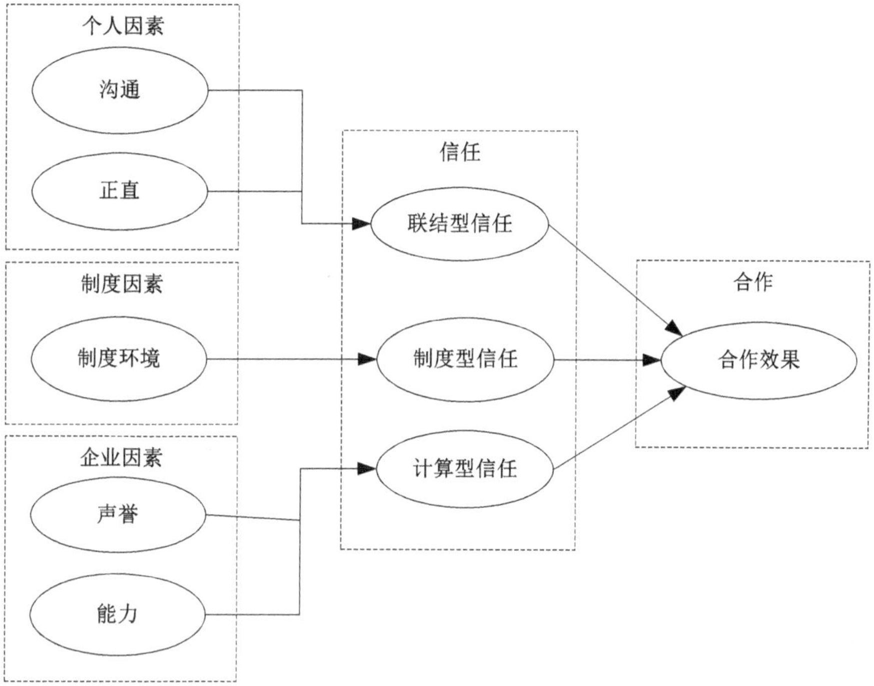

图 7–9　企业间信任与合作的三层次模型

第四，企业信任与合作形成良好循环。

合作与信任具有正反馈的功能。信任或合作一旦建立起来，就能导致“合作会产生信任、信任会加强合作”，从而进入信任与合作的良性循环，促进企业的不断发展，如图 7-10 所示。

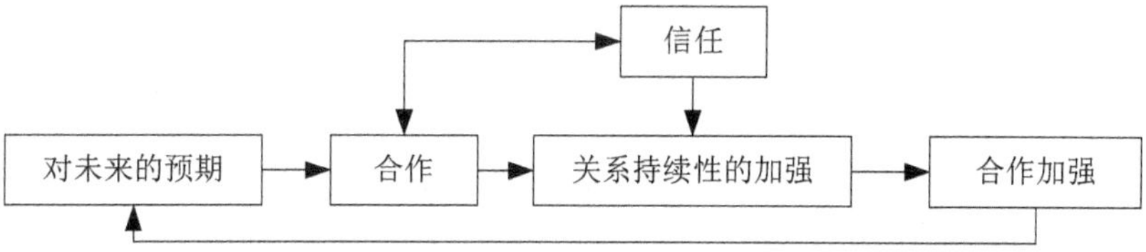

图 7–10　信任与合作的良性循环

由上述管理机制分析得出，开放式创新机制、组织学习机制以及合作信任机制在企业运作过程中是密不可分的。其管理运作机制如图 7-11 所示。

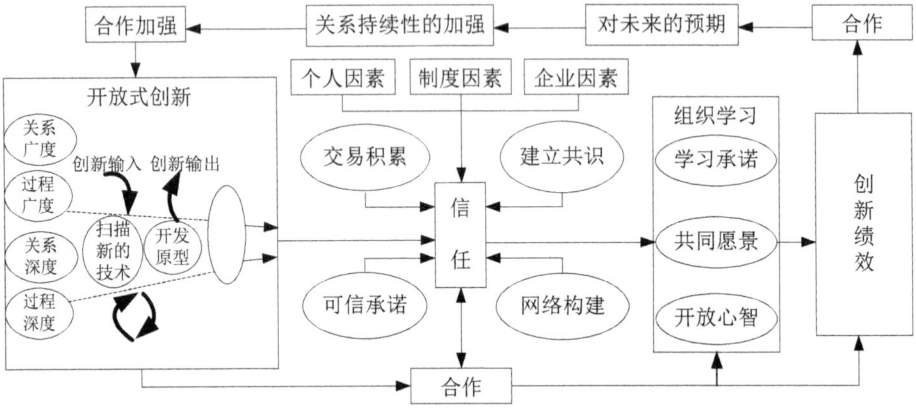

图 7-11　管理运作机制图

7.2　激励机制

激励是人力资源管理的核心，通过激励可以更好地来挖掘人的潜能，激发人的创造性；激励机制是激励主体通过激励因素或激励手段与激励客体之间互相作用的关系总和；它是企业经营者为了把企业员工行为有效地引向组织目标，以充分发挥企业全体员工的潜能而设计的制度框架；它通过具体的企业行为规范和根据企业全体员工生存和发展要求、价值观等而设计的奖惩制度来运转，目的是为了激发全体员工的创造性。如图 7-12 所示。

实践证明，善于应用符合客观规律和实际情况的激励理论、模式的创新型企业，会取得好的激励效果，从而提高企业持续创新的能力。否则，就会导致组织绩效低落。创新型企业如果想要持续创新则需要激励机制来加以实现。这是由企业持续创新的动机所决定的。根据激励主体与激励客体的不同，可以将激励机制分为内部激励机制和外部激励机制，其二者是相互作用的。创新型企业的内部激励机制是靠企业制度激励，通过企业制度对企业员工，特别是企业家和研发创新人员实施激励；企业的外部激励机制则是指政府、市场对企业的激励，如科技进步、市场、政府对企业的激励，通过市场与市场竞争和政府政策制度来实施激励。

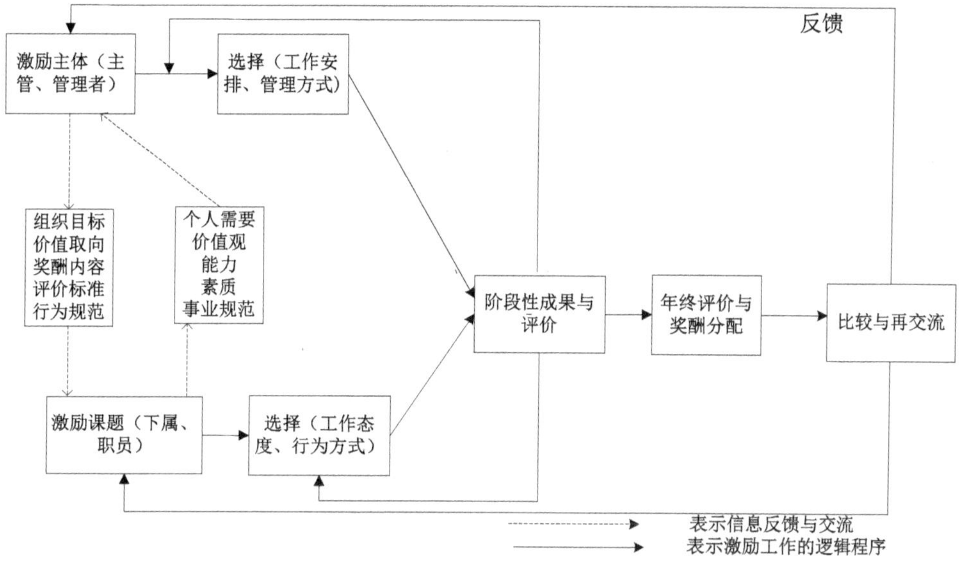

图 7–12　激励流程图

对于激励机制的构建，本书从企业的制度激励机制、市场激励机制、科学技术激励机制以及政府激励机制四个方面进行研究，四者在企业运作过程中相互影响、相互作用。因此，本书从政府、市场、企业不同角度以及企业外部和内部两个层面系统出发，从企业持续创新和发展的角度来构建企业激励机制的基本构架，如图 7-13 所示。

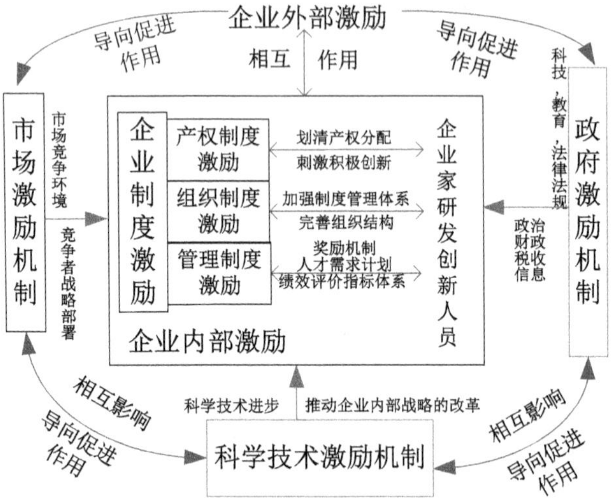

图 7-13 企业的激励机制的基本架构

在这个激励机制系统中，产权、市场、政府和企业的激励行为是相互作用的，由它们组成的激励机制系统是推动企业持续创新和发展的加速器；通过政府行为、市场制度、产权关系的明确化和企业对持续创新的激励制度化，可以使得创新型企业增强发展动力，进行持续创新。除此之外，企业的外部激励机制之间也是相互影响的，科学技术激励机制对于政府激励机制有导向作用，政府激励机制对于科学技术激励机制具有促进作用；市场激励机制对于科学技术激励机制有导向作用，科学技术激励机制对于市场激励机制具有促进作用；市场激励机制对于政府激励机制有导向作用，政府激励机制对于市场激励机制具有促进作用。

7.2.1 构建企业制度激励机制，促进企业组织结构完善

企业制度激励机制是企业员工进行持续创新的巨大动力，对实现企业的持续创新具有重要作用。因此，企业的制度激励机制必须从企业产权制度激励、管理制度激励以及组织制度激励等方面进行设计。

1. 产权制度激励

创新型企业要成为创新主体，必须有明确的产权关系和享有相应的经营自主权。构建创新型企业持续创新的激励机制一定要明晰企业产权关系与完善企业产权结构，将创新型企业全体员工，特别是经营者、研发创新人员的个人利益和企业的长远发展结合起来，充分发挥其持续创新的积极性，形成创新型企业持续创新的动力。

2. 组织制度激励

企业组织结构决定了企业部门的联系方式，企业组织制度的不健全会影响企业持续创新活动的绩效。因此，创新型企业必须完善企业组织制度，使创新型企业的组织形式、结构适应持续创新需要，以提高企业创新资源的利用率，并通过组织制度协调和加强企业各部门之间的沟通和交流，形成企业的持续创新。

3. 管理制度激励

企业管理制度是企业员工行动的准绳，通过管理制度使管理者的授权更为明确、有效，可激发员工的积极性提高工作效率。创新型企业管理制度要以持续创新的要求，加强企业创新文化建设，完善创新人才的制度建设，最大限度地激发企业全体员工的创新积极性，形成高效的创新型企业持续创新机制和创新环境。

创新型企业要进行持续创新，必须充分调动企业经营者、研发创新人员及其他员工的积极性。除此之外，还必须加强企业创新人才管理，只有建立和完善企业绩效评价体系和人才激励机制，才能充分调动企业家、研发创新人员和其他员工的创新积极性，才能有效推动企业持续创新。

随着经济全球化和市场竞争的加剧，残酷的竞争形式对企业和企业人才本身都提出了更高的要求。企业怎样吸引人才、留住人才和激励人才已成为企业面临的重要问题。企业管理制度建设需要从以下四方面考虑，如图 7-14。

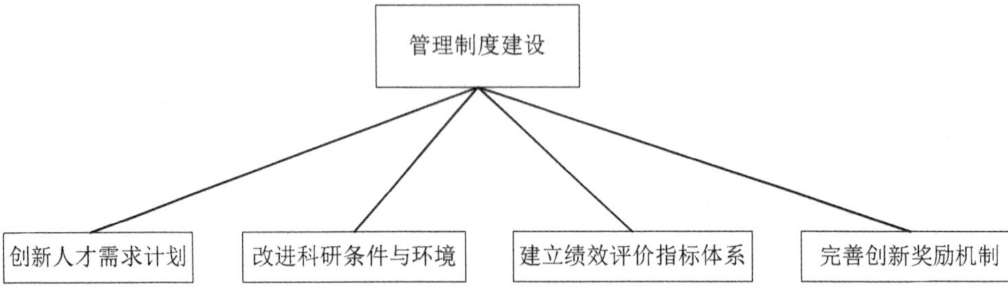

图 7–14　管理制度建设图

（1）做好企业持续创新人才需求计划

创新型企业为了实现持续创新，必须做好人力资源保障工作，其持续创新人才需求计划应该根据企业持续创新的近期目标、远期目标和创新项目需求来制定。由于创新人才是社会的紧缺资源，因此要根据企业发展战略、企业现有人力资源结构以及人力资源市场供需变化，及时引进和培养人才。在创新人员的配置过程中，要进行严格选拔，对他们品质、素质、技能和创新水平认真考察，看其是否能胜任有关创新工作，并根据他们的特点和创新能力，安排在合适的岗位，使其发挥最大潜能。

（2）改进创新人员的科研条件和环境

改进创新人员的科研条件是提高企业持续创新水平的基础，科研条件要有完善配套设施，要实现对企业现有科技资源的整合、管理以及对科技基础设施等资源的共享。改善工作环境就是要营造相对宽松、压力与动力并存、倡导科学精神的工作环境，使员工能够将精力集中在研究和创新上，多出创新成果。因此，工作环境改善是发挥创新人员创造性的保障。

（3）建立绩效评价指标体系

创新人员绩效评价是对创新人员业绩的评定和肯定，它是企业奖惩的依据之一。绩效评价指标体系具有激励和导向作用，使员工按照一定的方向努力，增强工作满意度，易于规范管理和提高工作效率。企业对技术创新人员进行业绩评价，必须确定科学的评价原则和评价标准，不仅要考虑到创新周期长短、创新项目难度系数、创新人员承担的工作任务，还要考虑到对不同类别的创新人员评价标准应有所不同，将创新活动的总体评价与研发创新人员的个体评价结合，做到科学、公平与合理。评价指标体系建立时既要考虑财务指标也要考虑非财务指标，同时还要考虑到有些创新项目近期虽没有经济效益但它对增加企业市场地位、增强企业竞争力以及有利于增强企业创新能力或者为企业创新经验积累做了贡献。此外，企业研发人员从事创造性工作，很难在短期内确定具体目标，其工作量化也比较难。因此除了进行总体评价外，还应该针对不同类型的研发人员设置一些具体评价标准进行综合评价。

（4）完善创新奖励机制

创新奖励机制是对研发创新人员为企业技术创新所做贡献的肯定，也是激励创新人员进行持续创新的重要手段，它不仅可以激发员工的创新积极性，而且能吸引和激励企业所需创新人才。通过奖励机制激励创新人员工作的热情，对创新人员的激励力度越大，其工作热情就越高，创新成果也就越多。因此，创新型企业必须认真分析创新人员各个层次的需要，找出合适激励因素，吸取其他创新型企业的成功经验，完善创新人员的奖励机制。

设计和完善创新奖励机制可从以下方面考虑：一是提供发明创造的自由。创新型企业应该允许企业创新人员有一定的自由时间从事自己的研究课题，以不同方式向创新人员提供更多的从事研发的自由，这是对创新人员的最重要的激励。二是丰富的物质和精神激励。物质和精神激励也是激励研发创新人员的重要方法和手段。创新型企业可设立各种奖项来激励创新人员，如发明奖、创新奖、贡献奖和研究部门奖等，对有突出贡献的创新人员既要给予相应的物质奖励还要给予精神奖励，可建立重大贡献奖、杰出创新人员奖项等奖励机制，完善企业的奖励制度，充分调动创新人员持续创新的积极性。薪酬体系的构图如图 7-15 所示。

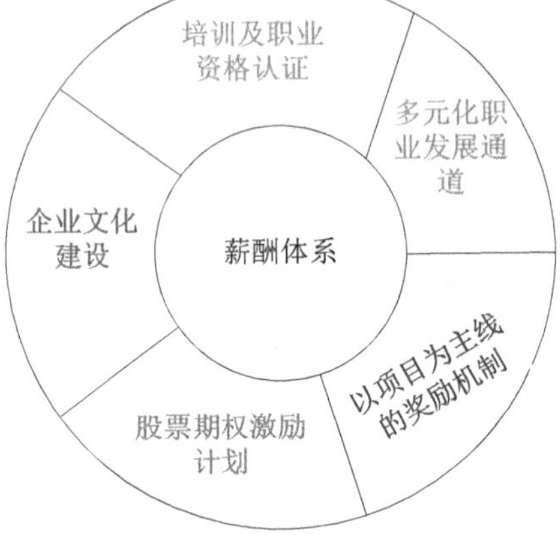

图 7-15　薪酬体系构图

7.2.2　构建市场激励机制，促进企业竞争能力提升

市场激励机制是企业以市场力量从外部来激励和推动企业持续创新、通过市场竞争环境的变化和竞争者战略部署而影响企业的激励机制。

市场需求是企业持续创新活动的动力源泉和外在拉动力。市场需求随着社会与经济的发展而不断变化，当变化达到一定程度时，将直接影响到企业销售收入水平，同时也提供了引导企业进行创新活动的新市场环境，从而拉动企业的持续创新。市场竞争是企业技术创新的外在压力。市场竞争对企业创新具有促进作用，它不仅促使企业更快、更好地进行更有效的技术创新活动，而且迫使企业准确、及时掌握市场信息，开发适销对路、价廉物美的产品。此外，市场竞争还能改变人们的观念，增长研发者的才干，变压力为动力，以适应市场竞争的需要。

持续创新的市场激励机制是市场需求和市场竞争作用于企业持续创新的驱动力。良好的市场激励机制可以有效地引导企业进行创新活动，从而拉动企业的持续创新，同时，企业还可以通过市场竞争提升自身的竞争能力。所以，社会必须加强制度建设和市场化建设，完善市场体系，培育良好的技术竞争市场，并通过完善市场激励机制来激励企业持续创新与发展。

7.2.3　构建科学技术激励机制，促进企业创新战略改革

科学技术激励机制是通过外部科学技术的进步来推动企业内部的战略改革，技术创新是以新技术投入为主要特点的技术经济活动。科学技术是生产力，是生产方式中最活跃、最革命的因素，它已经成为推动生产基础变革的强大动力。由于科学技术具有发展性、应用性、经济性的特征，所以它能够成为推动技术创新的动力，由于技术发明的出现，激发了企业的商业应用而得到超额利润，从而使技术创新得到发展。因此，应该大力加紧构建科学技术激励机制，加快促进企业的战略改革，以适应科学技术的发展，激励企业持续创新与发展。

7.2.4　构建政府激励机制，促进企业成果转化

政府激励机制是使用非市场的方法来激励企业持续创新，对创新型企业持续创新进行激励与引导，它通过国家相关政策及法律法规的制定来影响企业。市场是企业生存的外部环境，对创新型企业持续创新具有刺激与约束作用。市场需求与竞争是市场机制的动力要素，由于市场机制存在着市场失灵等许多不足，因此需要政府政策的引导、激励和支持。政府创新政策对创新型企业持续创新具有非常重要的作用，它是企业持续创新的外在诱导力。政府创新政策对创新型企业的激励作用最为直接、明显、有效，其对创新型企业持续创新的激励主要体现在产业政策、财政与税收政策、企业创新政策等方面。

政府激励机制是企业的外部激励系统的重要部分，包括财政政策、金融政策、政府采购政策、专利保护政策等方面。在实施过程中必须突出政府政策对持续创新的诱发效应，形成有利于企业持续创新和发展的政策和法律环境，以加快企业科技成果的转化，政府实施政策可通过如图 7-16 的政策手段。

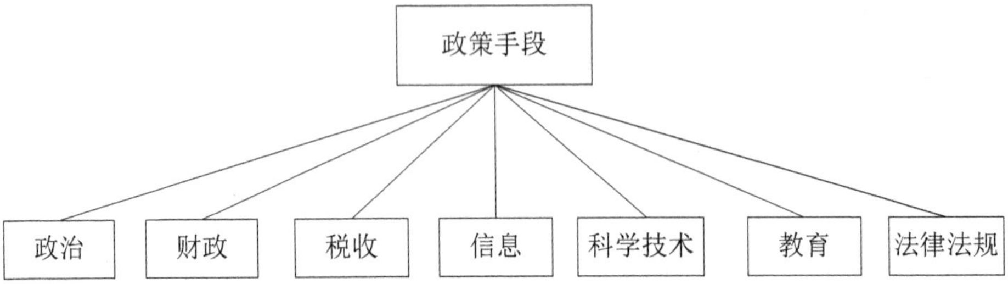

图 7–16 政府实施政策手段

（1）政治。政府通过制定各种发展规划以及建立有关企业持续创新的激励机制，以对企业持续创新与发展施加影响。

（2）财政。政府可以通过财政拨款、贷款、补贴、提供设备等财政措施，创造有利于创新的环境与条件，激励创新型企业进行持续的创新和发展活动。

（3）税收。政府调节经济的重要手段之一就是税收。政府可利用公司、个人、工资等税项以及税收补贴等税收手段，激励创新型企业进行研发投资。这是政府影响创新活动的十分有效的措施。

（4）法律法规。为了促进创新型企业的持续创新与发展，政府可通过建立相关的法律法规，创造利于持续技术创新的环境。

（5）科学技术。政府所采用的政策措施主要是通过建立科研机构和制定科研计划、建立科研基金、并为研究机构和研究项目提供经费等具体手段来有力地支持创新型企业的持续创新与发展。

（6）信息。政府通过情报机构、图书馆以及各种专业数据库等便利条件，可以对企业信息的收集、统计分析、资源管理等方面提供帮助。在这方面可以采取建立科技与经济信息网络、向企业提供创新咨询等政策。

（7）教育。技术创新活动是人的活动，没有高水平的创新人才，就不能保证企业创新与发展的成功和企业技术创新能力的增强。为了加快后备创新人才创新能力的提高，政府在创新人才的教育和培养方面必须采取各种措施。

7.3　基于价值共创的创新机制

由于单一的竞争或合作都已经无法让企业以一己之力应对新的经济环境，企业需要改变过去那种以竞争或者单一合作求生存、谋发展的战略，转而以竞合理念整合企业内外资源，与相关企业在竞争中合作、在合作中竞争，实现共同发展。因此，我们提出基于价值共创的创新机制。

价值共创体系就是企业与其利益相关者之间的一种共生关系，它们共同研发或生产产品及服务，或者至少参与架构创新下的某个技术模块的知识创造。价值共创理论对企业和顾客角色的重新定义，为构建基于服务主导逻辑的商业模式创新路径奠定了基础。

基于价值共创的商业模式创新立足于顾客和企业两个界面，以顾客为创新主体，企业提供创新支持和促进创新实践，通过顾客和企业间资源互补和交换实现创新促进和共创，从而调整或变革企业商业模式。相较于传统的商业模式创新，基于价值共创的商业模式创新是以顾客和企业共赢为基础的合作式、开放式创新。该方式突出了“以顾客为中心”的企业理念，更有益于创造互惠性商业价值，构建更具全局观的商业模式。针对创新促进、创新共创、创新实现，如图 7-17。企业应建立相应的关键资源获取机制、价值网络机制、知识整合吸收机制。

7.3.1　构建关键资源获取机制，促进企业商业模式创新

关键资源是支撑企业提供具有竞争优势的产品及服务的基础前提。关键资源的形式和利用方式的不同使产品及服务形态各异，从而使企业客户价值建立在资源的吸引力、定位优势及收益回报的基础上。例如，关键资源的独特性影响其对客户的吸引力，对关键资源的垄断影响公司的定位优势，获取关键资源的方式影响企业的成本结构进而影响收益回报，企业所需要的关键资源包括先进的技术、

研究机制等。企业在激烈的竞争环境下，也需要与其他组织（供应商、用户、竞争者、大学、研究机构、投资机构及政府机构等）进行合作，在相互作用和影响中进行创新，如：产学研合作，战略联盟等。

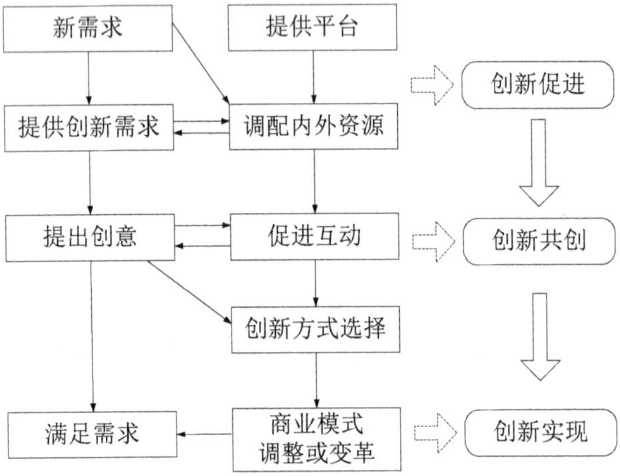

图 7-17　价值共创机制

企业需要对已有顾客价值进行彻底改变时会产生对新的关键资源的需求。这时，企业既有的对已有关键资源的依赖和习惯对顾客价值的突破性创新会产生强大的制约。因此，企业需要对已有关键资源的利用与新关键资源的开发形成两种平衡作用力，前者对既有顾客价值形成支撑和牵制，后者对新顾客价值形成支撑。具体关键资源的来源如图 7-18。企业通过关注商业模式的典型特性及对关键资源的获取，从价值创造和价值实现的整体视角审视关键资源的吸引力、定位优势及收益回报，对现有商业模式进行改善，使企业的商业模式更加适应市场及顾客需求，保持自身商业模式的独特性。

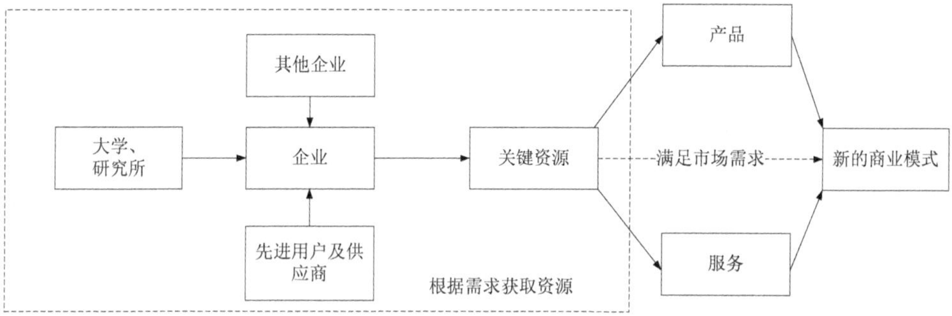

图 7-18　企业获取关键资源

在开放式创新条件下，网络与跨组织关系成为关键视角，企业创新资源已超越企业边界，具有流动性与非独占性的典型特征。其中，网络是开放式创新中资源流动的关键通道，跨组织关系成为创新资源获取的主要平台。开放式创新模式促进技术资源跨越企业边界流动的可能性和可行性，打破封闭式创新中技术资源的独占，且开放式创新模式下的成果共享、风险分担机制和创新效率提高的预期又将促使技术资源的有序流动、合理配置，企业开放式创新下资源获取方式如图7-19。

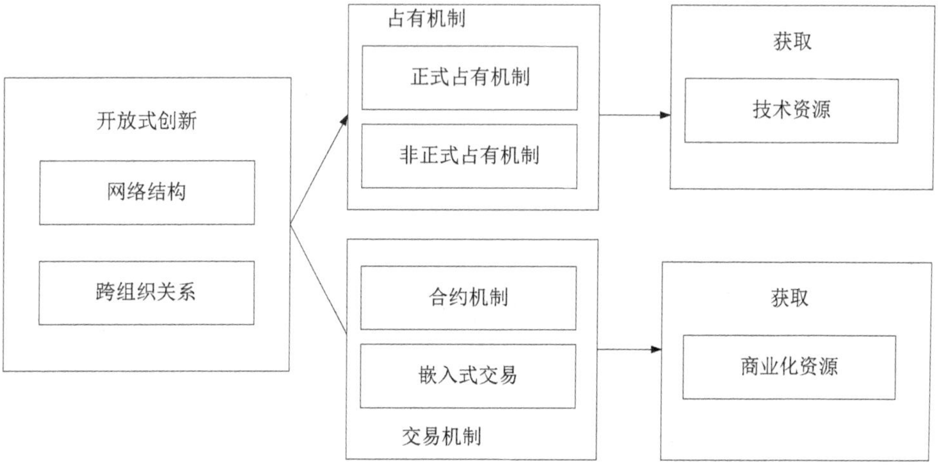

图 7-19　开放式创新下资源获取

7.3.2 构建价值网络机制，促进企业与外部之间交流

（1）网络能力的建构

在日益激烈的环境下，市场要求企业创新更加贴切市场需求，更加迅速捕获市场信息，缩短企业创新时间。

因此，企业通过建立开放式创新价值网络，网络成员间形成专业化分工，把其他企业的专长嫁接到企业的核心能力上，从而影响企业商业模式创新。企业自身的网络能力在价值网络中也尤为重要。企业网络能力的理论是以竞争企业的能力为基础的，从企业的自身出发来衡量企业管理网络的能力。企业外部环境的变化在一定程度上加强企业和客户以及竞争者的外部联系，从而导致了企业竞争方式的变化。所以企业必须意识到与外部组织之间的相互利害关系，而且要处理好这些关系，这要求企业具有网络能力，也就是管理和发展外部网络关系的能力。

网络构建是一种操作性的能力，企业应充分利用对外合作关系和对外交流人员来积极接触并利用拥有关系资源的潜在合作者，发展与网络动态性相适应的、能支持企业学习的组织结构，并通过对合作活动的必要资金支持，以及建立和维护各种网络关系的技术手段，对合作关系进行持续性的改善和发展。

网络运作同样是一种操作性的能力，企业要重视以信任为基础的跨组织合作关系，即通过建立合作伙伴关系信息库来管理合作中的冲突，培养开放灵活的组织文化，以便企业进行网络协调时能快速适应网络环境的变化，及时调整行为和策略。首先企业要有创新精神，强化创新意识和网络意识，这样才能深刻了解开放式创新模式带来的价值，并去不断地探寻适合企业的网络模式。其次企业要对原有的企业文化结构做出改变，使其能适应并推动创新的网络化，并以更广阔的视野来分析网络环境。另外企业还要积极地完备信息技术系统，这样才能更好地进行信息的收集和处理，使沟通更有效率。最后，还要注重评估合作者的未来价值和潜在依存关系，针对现有合作关系和潜在合作者进行重构和优化。

（2）价值网络机制

价值网络机制整体框架如图 7-20 所示。在复杂的知识网络中，企业必须确认、

了解外部丰富的知识资源，将内部技术和外部技术整合起来，以形成更为复杂的技术组合，用来创造新系统和新构架。企业与供应商、顾客、合作研发联盟、研发机构、高校和研究院等共同构成创新网络，创新网络化、技术外包、研发合作等技术创新模式不断为企业带来新价值增长点。创业企业可以嵌入创新网络去创造价值，利用网络关系进行商业模式创新带来企业自身与行业格局的发展。在企业开放式创新的条件下，企业可以集中价值网络上的所有创新资源，围绕价值网络中的相关产业，发现市场机会，加强与外部环境的沟通与合作，提出构想、组织研发等创新活动促进商业模式创新，并取得创新成果（包括专利、集成电路布图设计和创意设计等有利于企业或集群产业的竞争优势的智力成果）进行商业化生产。

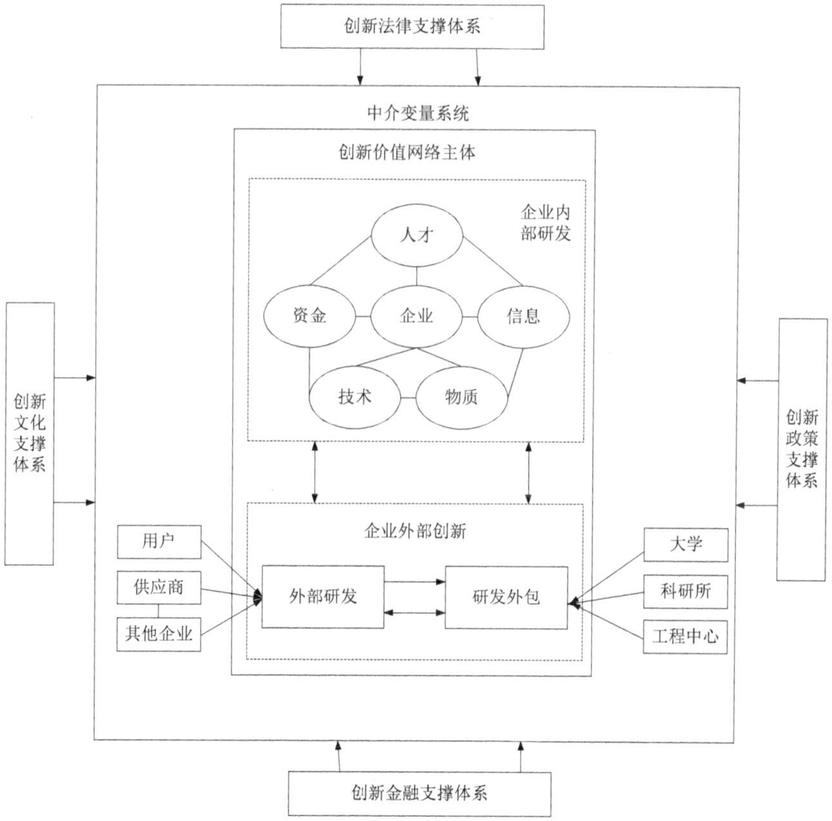

图 7-20　创新价值网络机制

价值网络主体主要包括企业和价值网络成员。在知识产权创造过程中，他们是知识的主体来源和扩散知识的主要机构，是整个企业开放式创新价值网络的核心。价值网络内部，企业以价值链的形式在特定区域的产业中，围绕创新资源的获取和网络结构内企业有序流动的主线进行创新活动，具有分享观念、信息及合作意愿的功能，最终目的是通过企业的创新战略运作来创造出社会聚集效应和集体意识，提高企业扩散的效率，取得竞争优势。外部辅助网络提供直接或间接的外部服务，其中中介变量系统为企业的创造、孵化、流转、扩散、合作和应用提供动力和帮助。外围四大支撑体系为整个核心网络系统提供各种支持要素和法律、文化、政策以及金融保障。

7.3.3 构建知识治理机制，促进企业创新能力提高

企业在实施开放式创新时进行的任何活动都涉及知识的流入或流出。由于组织知识本身具有广泛分布性、嵌入性和积累性特性，知识流动的方向、质量、速度和效率将受到一定阻碍和限制。完善的知识治理能够有效控制和防范创新过程中知识的获取和共享所引起的冲突，否则会造成不当的开放式创新行为并最终导致创新的失败。因此，知识治理机制对开放式下企业创新的提高有重要影响。企业通过学术会议、上下游企业及交流网络，对外部知识有准确的定位和识别，并对有用的知识进行转化吸收，另外通过制定和完善企业原有的流程，加大研发和培养投入，识别与企业不协调的信息，提高员工处理和内化外部知识的效率，调节企业的商业模式创新。

知识治理机制可以再分为知识共享、知识占有和知识吸收，如图 7-21 所示。知识共享机制能够使企业自身与外部创新资源有效整合，知识占有能够合理规避知识流动带来的风险。知识共享机制和知识占有机制都能够调节企业开放度对企业创新能力的影响。知识吸收机制使企业现有的知识资源商业化，将创新资源转化为商业价值。在开放式创新的条件下，完善的知识共享机制和知识占有机制使企业开放度对企业创新能力影响扩大，有效的知识吸收机制能更加合理地利用创

新资源，完成企业发展目标。

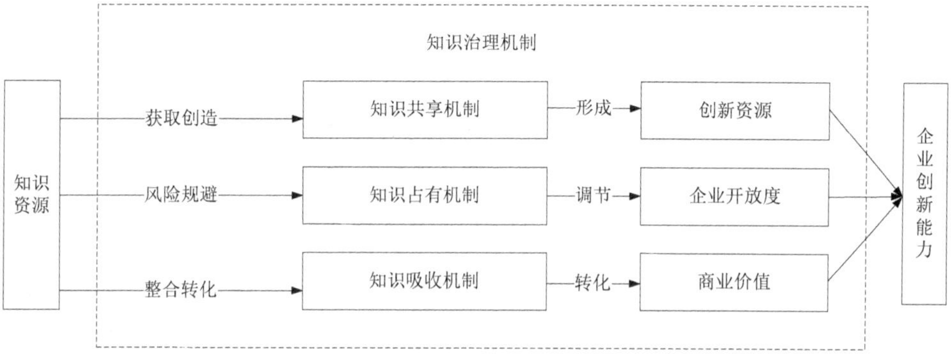

图 7-21　知识治理机制（来源：作者自绘）

（1）知识共享机制

知识共享能够提高企业创新能力，它从与外部创新主体合作降低风险的角度说明了，企业通过共享创新主体间的互补性资源，共同承担风险和成本，不仅会大大降低企业技术上的不确定性，同时也会缩短创新周期。企业与外部创新源的互补性合作不仅会增强了企业互补知识、提高组织的创新效率，也会为有效地知识转移和利用开辟新途径。因此，知识共享机制是指通过各种组织和制度安排来促进组织内外的知识流动、激励或保障企业相关能力的知识活动，如知识获取、知识整合和知识创造。

开放式创新活动中，由于企业的边界是开放的，企业可以更有效地从外部获取创新资源，而创新团队中创新所需的资源、信息技术、知识资源更多的是从主体间的知识共享中获得，完善的知识共享机制为组织带来了高创新效率和创新绩效，而机制的缺失则会使企业蒙受开放带来的损失。因此，知识共享机制在企业的开放度对创新绩效的影响中有重要的调节作用，即知识共享机制越完善，开放度对创新绩效的正面影响越大，反之越小。

知识共享的效果有效地反映了知识治理绩效，而知识交易和知识共享效率不高的原因在于知识交易主体的知识水平相差过大，交易双方信息不对称，同时知识交易双方缺乏信任。不仅是组织与组织之间，组织内部也会出现因知识不能有效分享而引发知识治理问题。组织内部知识分配不等、组织成员彼此缺乏互动和沟通，导致知识不能有效分享，不利于企业开展创新工作，影响企业绩效提升。此外，组织文化氛围、企业文化也给知识流动和分享带来影响。如果组织无法为知识分享、知识交流提供良好的环境与氛围，其知识治理绩效必然不高；优秀的企业文化则会为员工营造开放的语言环境，方便沟通和交流。研究表明，创新主体内部、主体间共同搭建创新平台，营造良好的知识共享氛围，相互信赖和频繁互动对引进和吸收知识资源有积极作用，而知识资源的流通推动了创新绩效的提升。知识共享机制推动了知识的共享和流动，知识占有机制规范了知识的流动、共享和创造过程。知识共享机制是否完善关系到企业内及企业间的合作程度是否密切，而企业间合作程度会影响企业获取新的知识资源，影响新产品开发绩效。有效地知识治理不仅有利于完善和规范组织行为，增强组织的创新绩效，也会促进组织内部、组织间知识的共享和学习，在沟通和学习的过程中组织绩效得到有力的提升。

（2）知识占有机制

知识占有机制是对知识占有引发的风险进行治理，企业实施开放式创新活动中，创新知识具有不同程度的公共性质，难保不会出现搭便车等各种机会主义行为，上演“公共用地悲剧”。这种机会主义行为不利于知识的有效管理，更妨碍知识占有机制的有效实施。这种情况在创新者追求各自利益而彼此间却存在一定利益冲突的时候更为严重。因此，完善而有效的知识占有机制对知识活动的参与者及其利益相关者的行为、动机产生影响。合理而有效的占有机制除了确保对知识产权保护之外，还应囊括为建立资源获取的稳定渠道而采取的一系列保护知识产权的方案和策略，如此，机会主义行为才能得以有效遏制或降低其发生的频率。此外，这些方案和策略的制定不仅会对创新利益进行合理的分配，而且还鼓励创新主体在知识获取时分享更多自身所拥有的各项知识资源，积极吸引更多的创新主体参与进来，进而对企业创新绩效产生影响。因此，知识占有机制在企业的开放度对创新绩效的影响中有重要的调节作用，即企业知识占有机制越完善，开放度对创新绩效的正面影响越大；反之越小。

（3）知识吸收机制

知识活动具有开放性、非平衡及非线性等系统性特征。这导致了创新机会向商业价值转化的风险。开放式创新本身是一个典型的复杂适应系统，由于个体之间、个体与组织之间，以及组织与组织之间在知识存量、转移意愿、利益取向等方面的差异，使知识价值获取和实现过程变得复杂，出现了创新中的“达尔文之海”。因此，如何促进知识融合和共享，保证创新结果合理分配，进而保持与吸引更多的创新者，并且使创新商业规模持续增加，是开放式创新能力机制的重要组成部分。知识的整合吸收就是控制创新知识质量进而提升其商业化的过程。开放式创新环境下，从外部获取知识的来源、途径、内容都更加多元化，创新者行为不免会出现盲目性。如何对获取的创意进行选择、保留、加工，继而转化为商业建议，成为创新过程中的关键环节。知识的吸收从根本上说是将最初的创新想法集中到一点，在最终的商业平台上得以实现。

企业在对网络能力三个维度进行有效构建时，还应关注到它对吸收能力的影响，通过这一传导机制，网络能力对开放度产生正向的作用，并进而影响企业的创新能力。另外开放度在吸收能力与企业创新能力、吸收能力在网络能力与企业创新能力间起着中介的作用，并且这一作用比直接作用的效果还要显著，因此企业应积极关注这中间的中介作用，尽可能地通过这一作用机理来提高企业的创新能力。

综上所述，企业基于价值共创来构建创新机制比较符合创新的发展趋势，其运作机理如图 7-22 所示：

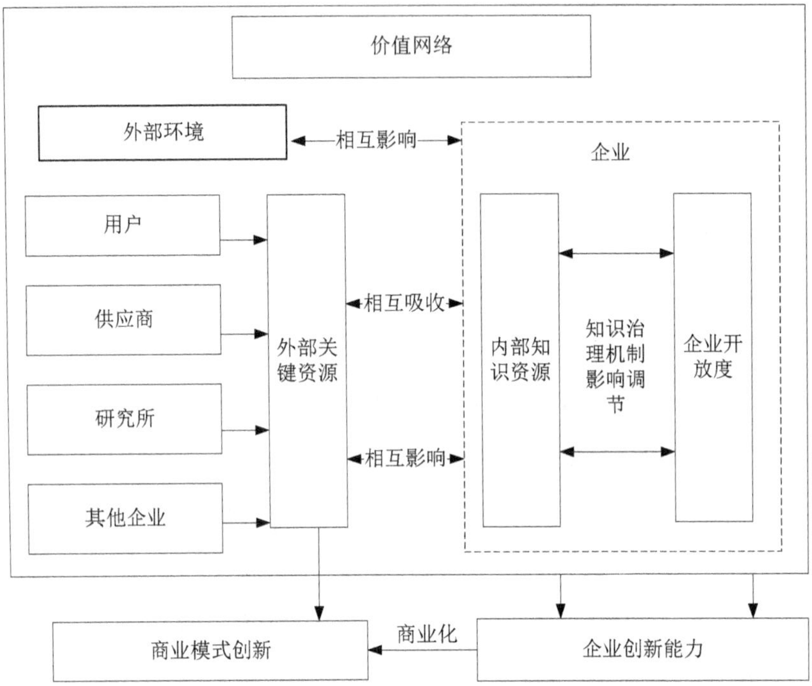

图 7-22　基于价值共创的创新机制（来源：作者自绘）

7.4　市场机制下的竞争机制和风险机制

随着经济全球化进程的加快和互联网的迅速发展，企业面临的环境也越来越复杂和多变，来自竞争对手以及替代品等的力量也在威胁着企业的成长和发展，引入竞争机制，培养竞争意识和竞争能力，是企业长足发展的必然选择。企业面临的竞争来自企业内部和外部，如图 7-23 所示。内部竞争包括管理人员之间的竞争，也包含不同部门之间业务绩效的竞争以及其他内容的竞争；外部竞争包括同行业企业的竞争，又包含潜在进入者以及消费者的竞争。本书从内部竞争和外部竞争两方面入手构建企业竞争机制，既可以使商品个别价值转化为社会价值，从而使价值规律的要求和作用得以贯彻和实现；也可以促使企业改进技术、改善经营管理，提高劳动生产率；同时可以促使企业根据市场需求组织和安排生产，使生产与需求相适应。接下来将内部竞争机制和外部竞争机制一一进行详细的解释。

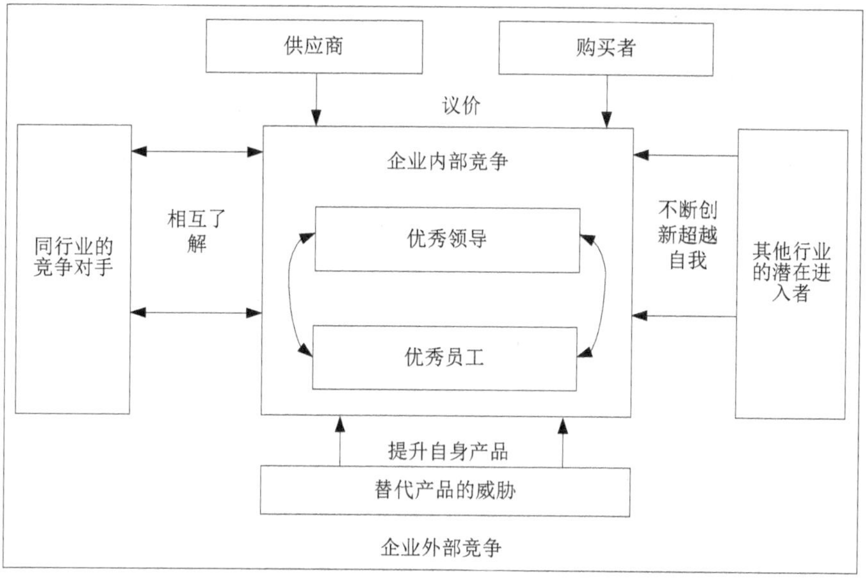

图 7–23　企业面临的内外部竞争

7.4.1　构建内部竞争机制，激发企业的活力和创造力

（1）加强对内部竞争机制的认识，促进内部竞争机制的建立

企业竞争力提高不仅需要拥有一个全公司为之不懈追求的企业理念（这是一个企业的精髓所在）、一个良好的管理团队、一套行之有效的企业制度和管理机制，同时还需要企业具有良好的内部竞争机制。在企业内部形成多层次、全方位的竞争氛围，通过优胜劣汰的竞争规律，充分调动企业决策层、管理层和广大职工的积极性和创造性，最大限度地挖掘现有的人才资源，使富于开拓精神的潜力人才脱颖而出，为企业的生产经营注入生机和活力。这是企业活力长盛不衰的真正源泉。

（2）以内部竞争机制促进企业优秀团队的建设

现代企业必须通过科学的内部竞争机制来促进企业人才力量的建设，对不同层次的员工和管理者进行管理和发掘潜力，以人才优势促进企业综合水平的提升。比如对领导群体展开评价，定期投票决定领导人员的去留这样可以激发领导者的领导潜力；同时划分管理档次，每档待遇有别，立定管理标准，凡职工都有选择职业的自由，公正平等地参加竞争等措施来实现真正的人才战略。当然，竞争的目的不是建立对立的关系，而是在相互竞争中得到提升和锻炼，为企业的持续成长和成功贡献力量。完善的内部竞争机制给企业所有员工建立了一个良好的发展平台，通过内部竞争使企业所有岗位必须通过岗位考核来考评员工的实际工作，能者上、庸者下的制度促进了企业综合素质的提升，也促进了企业综合水平的提高。同时科学的内部竞争机制需要建立内部各职位的培训机制，定期或不定期地举行职业培训和考核，以此使员工在业务素质上得到不断的提高，更为重要的是可以让员工在意识上得到不断提高从而跟上公司发展的步伐。只有这样企业在可持续发展的历程上才能在同行业处于优势地位。在组织内部对不同层面的组织员工进行竞争机制的构建并不是单纯地为了淘汰那些不符合竞争规则的员工，而是为了激励组织内员工相互学习，弥补自身的不足，努力向更优秀的人看齐。这样组织才会有源源不断的优秀力量推动着整个企业向前发展，走向成功。

（3）以内部竞争机制促进企业管理工作的整合优化

内部竞争机制的引入能够有效地促进企业内部资源的整合优化，为企业综合水平的提高奠定基础。内部竞争机制的实施能够有效地帮助企业对内部职工的工作能力进行考评与分析，并针对员工进修后的专业方向调整其工作岗位，有效地避免人才流失，为企业内部人才资源的整合优化奠定良好的基础。同时内部竞争机制的引入还能够更好地端正员工的工作态度，促进其更加熟悉本岗位工作内容，便于企业各项工作的开展，促进企业综合水平的提升。假设每个员工能够清楚地了解竞争机制的内容，并且具有竞争意识，能够使自己不断地向别人学习，那么企业整个竞争机制的运作以及经营发展都会取得良好的成果。

7.4.2　构建外部竞争机制，促进企业生态系统的良好运作

外部竞争可以使用波特五力分析模型来分析：行业中存在着决定竞争规模和程度的五种力量，这五种力量综合起来影响着产业的吸引力。该模型是用来分析企业所在行业竞争特征的一种有效的工具。在该模型中涉及的五种力量包括：新的竞争对手入侵、替代品的威胁、买方议价能力、卖方议价能力以及现存竞争者之间的竞争。决定企业盈利能力首要的和根本的因素是产业的吸引力。竞争战略从一定意义上讲是源于企业对决定产业吸引力的竞争规律的深刻理解。任何产业，无论是国内的或国际的，无论是生产产品的或提供服务的，竞争规律都将体现在这五种竞争的作用力上。因此，波特五力模型是企业制定竞争战略时经常利用的战略分析工具。

只有当企业了解外部竞争力量的来源，才能采取相应的措施去应对外部竞争的威胁。例如，卖方议价的能力会影响原材料成本和其他投入成本；竞争的强度影响价格以及竞争的成本；新的竞争者入侵的威胁会制约价格，并且需要为防御入侵而进行投资。如果企业能通过这五种力量来影响所在产业的竞争优势，那它就能从根本上改善或削弱产业吸引力，从而改变本产业的竞争规则。那么，外部竞争机制到底如何构建呢？接下来以构建行业间的竞争机制为例进行详细的阐述。

（1）构建行业间的竞争机制，促进企业间共同发展

行业间的竞争者包括替代产品的威胁、供应商的议价能力以及行业内的竞争对手的实力。试想一下，某个企业只是一个规模很小的企业，行业内的竞争对手实力很雄厚，占据着同行业内大部分的资源；同时供应商又数量很少，具有很强的话语权；再加上随时可能有许多替代商品出现来抢占企业所拥有的极少的市场份额，那么这个企业应该离破产倒闭就不远了。如何构建一个良好的竞争机制使自己立于不败之地呢？需要从自身、对手和发展几个方面来考虑，如图 7-24 所示。首先，必须清楚地明白自己企业的竞争优势。比如某一家生产制造鞋子的企业，那么它的优势可以是鞋子的款式总是那么新颖，以至于吸引了许多忠实的顾客；

又或者它和供应商建立了良好的合作关系，能够在物资紧缺的时候依旧保持稳定的产量，而不至于停产待料等等。俗话说：知己知彼，百战不殆。因此一定要了解企业自身的经济实力、经营状况或者自身的缺陷和不足。当然，这不是最终的目的，还需要通过分析和了解本企业的状况去打造自身的竞争优势，培养企业的核心竞争力，这才是企业安身立命的根本。其次，了解所有可能构成威胁的竞争对手，其中包括行业内企业、供应商以及替代品等。我们的竞争对手的实力如何、它具有的不可模仿的竞争优势是什么等等都是需要你自己企业所熟知的。这样做的根本目的在于了解自身与竞争对手不足在哪里，需要改进的地方在哪里，从竞争对手那里吸取什么经验和教训。再者，利用互联网以及其他渠道，随时关注所有竞争对手的动态。随着经济全球化进程的加快和互联网的飞速发展，内外部环境可以说是瞬息万变，只要稍不留神，就有可能被湮没在历史的长河中。因此，必须时刻关注外部竞争对手的变化和发展，及时采取预防和控制风险发生的措施。最后，不断地创新和超越，学习和了解别人以更好地发展自己。某个企业的广告宣传做得很精彩、某个企业与供应商建立了良好的关系并且价格成本低又或者某个企业的替代产品少等等都可以作为自己未来需要努力的方向。

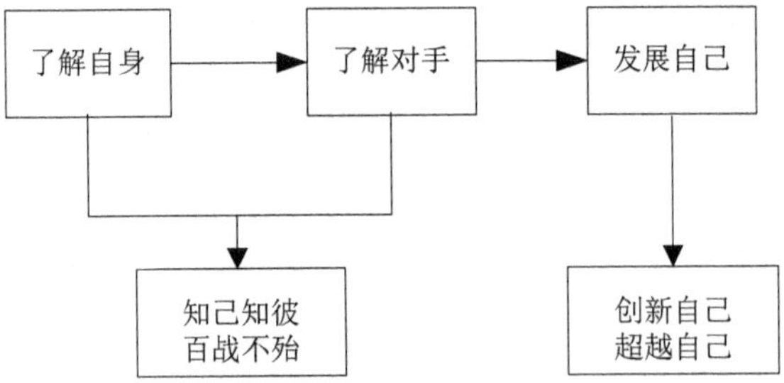

图 7-24　行业间竞争机制的构建

企业处在一个生态系统中，它的运行和发展自然也离不开这个生态系统。要想使一企业在生态系统中得到良好的运行，就必须处理好与这些竞争对手的关系。竞争对手会对企业的生产发展造成威胁，有时甚至是毁灭性的。但是，构建行业间竞争机制的真正目的并不是为了“互相残杀”，而是企业间相互信任、相互合作、相互学习，互相借鉴经验，为了彼此更好的发展。比如一个企业特别擅长产品的广告宣传，但是产品的研发设计不够新潮和吸引人，而另一个企业则专注于产品的研发，那么两个企业可以强强联合，彼此互补，吸收对方的优势来发展自己，这样对两个企业来说都是有利而无害的。因此，企业构建行业间良性竞争可以促进不同企业、不同行业间的信息交流和经验借鉴等，更好地帮助企业在生态系统中发展。

7.4.3　构建企业风险应对机制，保证企业目标的实现

企业风险应对机制就是企业预防和处理给企业造成危害和不利事件的内在工作方式。在现代经济运行中，随着分工不断深化和专业化水平的逐步提高，交易方式、信息数量越来越趋于复杂化和多样化，人类的经济行为面临越来越多的风险。再加上目前企业的风险管理存在极大的问题：①企业风险管理意识淡薄。②企业风险管理体系不成熟。因此，风险应对机制是否健全，运行是否有效，对企业的生存和发展具有重大影响，有时甚至具有决定性的作用。具体地说，建立风险应对机制，进行风险管理有以下三方面的益处：第一，有助于企业各项决策的科学化和合理化，减少决策的风险性；第二，可以使企业以最小的耗费把风险损失减少到最低限度，保证企业经营目标的实现；第三，有利于提高企业的经营管理水平。

企业风险应对机制的建立主要包含三个步骤：建立风险预防机制、建立风险控制机制和建立风险反馈机制。下面是对每个机制进行的详细介绍。

（1）构建企业风险预防机制，促进企业间的信任与合作

这主要是预测和预防风险的发生，或者为企业提供预警。首先，建立风险意识教育机制。企业风险和其他风险一样，具有发生的不确定性。这就决定了企业在整个风险控制机制系统中，需要建立风险意识教育机制。通过完善风险意识教育机制，预测和预防风险的发生，或者防止风险扩大。树立和强化企业职工的风险和风险意识，其中经营者和管理人员是重点。如果职工没有认识风险和防范风

险意识，风险机制就建立不起来，即使是遇到较小的风险，也可能使企业垮台。在人为造成的风险中，企业经营者决策失误给企业带来的风险对企业造成的危害最大，后果也最严重。因此，企业经营者和企业管理人员应当首先树立防范风险意识，并不断加强对企业其他员工的教育，使企业员工在生产经营活动中，自觉地维护企业的利益。建立风险防范意识并不是为了防止一切可能对企业造成威胁的因素或者隔断与其他企业的联系，独自经营以此来减少风险。准确地说是为了明确树立风险防范意识，纠正那些可能会对企业造成损失的方法、技术或者是系统漏洞等，但是更深层次的目的是为了在具备防范意识的同时，与企业生态系统中的要素建立良好的信任关系，在合作中互相学习、实现共赢，而非排斥一切外界可能对企业的生产经营造成威胁的因素。

其次，建立风险控制机构。企业风险管理机构和专职风险管理人员的设置，是建立风险应对机制、进行风险管理的关键。企业的风险管理必须通过一定的组织形式来实现。在具有一定规模的企业中设置专门的风险管理机构和专职的风险管理人员是非常必要的。目前，我国大部分企业风险机制尚未形成，风险管理还不完善，许多企业对风险的管理还仅限于对静态风险的防范上。风险管理的机构也还不健全，有些企业虽然由副经理兼职承担了某些风险管理的职责，但是采取的对策仅仅是通过保险的方式将企业面临的可保风险转嫁给保险公司，缺乏全面统筹安排企业预测、预防、自保和转移风险的责任和措施，缺乏对企业所面临的风险进行全面管理。因此，要完善企业的风险应对机制，进行有效的风险管理，企业应根据自身的特点设置专门的风险管理机构及配备专职的风险管理人才，一旦企业风险出现，危及企业的生产经营，这一机构就必须在第一时间发布信息，调动企业内外部相关资源，发挥集体智慧，从组织形式上保证企业风险管理机制的有效运行。

（2）构建风险控制机制，促进企业有效处理风险

这主要是化解风险，或者对风险进行有效控制，这是企业风险控制机制的核心部分。该机制运作机理如图 7-25。

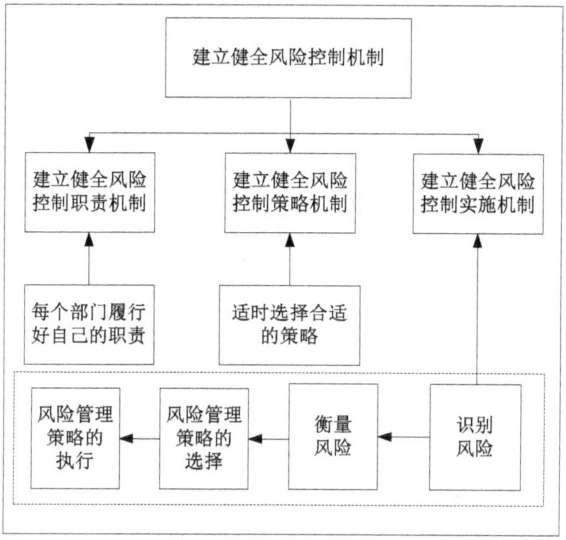

图 7-25　风险控制机制的构建

首先，建立风险控制职责机制。比如，风险控制的决策者，应负责对风险控制过程中的重要问题做出决策，对风险控制负全责；企业宣传部门需要对风险发生和控制进展情况保持高度了解，向企业管理部门及时发布风险状况和风险控制进展情况，并与媒体保持沟通；财务部门需要为化解风险和控制风险提供资金支持等。建立风险控制职责机制，目的在于明确企业内部各个部门应对风险时的职责，增加控制风险的责任心，同时也是为了在控制风险失败之后进行有效问责。

其次，建立制定风险控制策略机制。风险控制策略包括以避免和消除致损事件、限制和缩小风险损失为目的的一切措施：可分为避免风险和损失控制两类。

避免风险是指直接回避产生风险的事项和活动。避免风险是企业中一种最彻底的风险控制方法，它可以将损失的概率保持在零的水平上。但是，避免风险的方法有其自身的局限性，对于企业来说，并不是所有的风险都可以避免的，对于静态的风险是无法回避的，只能采取有效的措施加以防范。因此，对于企业来说，避免风险只有在对风险事件存在与发生、对损失的严重性完全有把握控制的基础上才有积极的意义。

如果企业某项生产经营活动中存在的风险是不可避免，并且是利大于弊的，就有必要采取损失控制措施。损失控制措施可以预防损失发生或减少损失的严重程度，它是企业风险管理中最积极的风险处理工具。这一机制主要是确保风险控制策略的科学性与合理性。中小企业在面对风险时，在制定风险控制策略的过程中，要明确制定风险控制策略面临的首要问题、执行标准、评估标准和方式，制定风险控制策略，并确定最佳策略。

最后，建立实施风险控制策略机制。实施风险控制策略，关键在于决策果断和行动迅速。企业风险发生之时，企业的生产经营正受到不良影响，犹豫不决的决策极有可能使得风险扩大，造成企业更大的损失。在实施风险控制策略的同时，企业的管理部门、生产部门和经营部门要马上行动起来，在各自岗位上按照企业的统一部署，为风险控制提供足够的资金、人力和物力，为有效化解风险奠定基础。

风险管理策略的实施程序，包括识别风险、衡量风险、选择风险管理对策及风险管理决策的执行和评估等步骤。

第一，风险的识别。识别风险是企业风险管理的重要基础和基本前提。通过对尚未发生的潜在风险和已经存在的各种风险进行全面的识别和系统的归类，以明确企业可能面临哪些风险，引起风险的主要原因是什么。这就必须对企业的情况进行全面的了解，如对企业生产经营的性质、企业所面临的社会、政治、经济环境和自然环境，企业拥有的市场、企业的财务状况等进行周密的分析，从而对企业面临的风险做出比较准确的识别与判断。随着科学技术的发展以及风险管理经验的不断积累，识别风险的方法和手段也日益完善。识别风险的主要方法有：财务分析法、生产流程分析法、环境分析法、缺点分析法、保险调查法、损失清单分析法等。只要企业管理者树立风险意识，根据企业的特点，善于利用识别风险的各种方法，风险的识别并不是一件很困难的事。

第二，风险的衡量。企业在识别风险的基础上必须进行风险衡量。风险衡量就是对特定风险的性质、发生的可能及可能造成的损失范围和程度进行估计和测量。主要采用概率和概率分布方法。准确衡量各种风险及其造成的损失程度，可以为企业风险管理提供科学的依据。

第三，风险管理对策的选择。企业在识别风险和衡量风险的基础上，必须选择最适当的对付风险的方法，以便有效地处置各种风险。在企业风险管理中，风险的处理对策主要分为两大类即风险控制对策和风险财务处理。

第四，风险管理决策的执行。企业在选择了某种或某几种风险管理决策后，还必须付诸实施，这是企业风险管理的关键环节。在前面几个环节的基础上，企业实施风险管理决策的实质在于协调地配合使用风险管理的各种工具，实现最佳的组合效应。

（3）构建风险控制反馈机制，促进企业改进不足和相互学习

风险控制反馈机制，是指在风险控制结束后，企业恢复正常生产经营秩序、干预企业员工心理、对控制风险工作进行客观总结和反思的综合机制。

首先，建立恢复正常生产、经营秩序机制。企业风险的出现，干扰甚至破坏了企业正常的生产经营秩序。因此，在风险控制结束后，应当根据所遭遇的风险的类型和破坏程度的不同，从不同方面恢复企业正常生产经营秩序。一般说来，主要包括：为企业的下一步发展提供新的资金以及资金链条；为企业注入新的人力资源；为企业开辟更加良好的社会舆论环境；为企业争取更多的政策支持和技术支持。

其次，建立企业员工心理干预机制。这一干预机制是专门的心理治疗机制，是心理咨询人员对因遭遇企业风险而受到损害的企业员工心理的治疗。从更广的范围来讲，整个企业团队的人员都应在风险控制成功之后接受不同程度的心理治疗，以克服因企业风险而带来的心理障碍，恢复正常的职业心态。这不仅是激发企业员工劳动积极性的内在要求，也是企业凝聚人心、实现可持续发展的必然要求。

最后，建立风险控制的总结和反思机制。企业风险控制的总结和反思，使得人们对风险和风险控制由感性认识上升到理性认识，认识风险发生和风险控制的

规律，进而提高防范风险和控制风险的能力。因此，要对风险发生的原因、风险传播的途径、风险的预警、风险控制策略的制定、实施风险控制策略的各个环节，以及风险控制的成效等进行全面的总结和反思，找出存在的问题，有针对性地制定出详细而切实可行风险控制策略，完善风险控制的各个机制，以便有效应对新的风险。反馈是必要步骤，那么在反馈之后又有哪些是需要及时做出调整的工作呢？本书认为这两点是必须要实施的步骤：①采取措施弥补过错；②反思总结经验。风险的发生必然会造成企业的损失。面对风险造成的损失，第一时间应该采取及时的措施去补救，尽量把损失减少到最小；另一个不可忽视的地方就是在分析了风险产生的原因、策略制定的是否恰当等问题之后总结经验，改正存在的问题，同时学习其他企业的风险控制和处理经验，也可以与其他企业共同合作建立风险应对机制，探讨出更有效的风险控制和处理办法，实现合作共赢。

总之，风险是无时不在，无所不在的，任何企业都需要有风险管理的意识。因为企业的规模不同，风险管理机构的设置和规模也必然有所不同。但不管企业规模如何，风险管理都必须贯穿于企业经营管理的始终。同时，由于风险本身处于不确定的状态，形成企业风险的因素又是多方面的，因此，必须综合采用各种识别风险和控制风险的方法，构建良好的风险规避机制、风险预防机制、风险控制机制以及风险反馈机制的整体运作，如图 7-26 所示。在实施风险管理的过程中，究竟采用何种风险对策，或由哪几种风险对策的有机组合来处理风险，要视企业主客观条件和所面临的风险种类和风险大小的具体情况而定，要遵循安全、可靠、经济、合理的原则，既要尽可能地降低风险管理的费用支出，又要使风险管理达到最佳效果，从而提高企业的经济效益。毋庸置疑，建立风险机制并不是为了将企业自身隔离在一个封闭的空间里去发展，也不是惧怕外界带给自己的风险而拒绝与外部企业合作发展的机会，而是要在与其他企业建立合作关系时相互信任。只有相互信任、相互学习，企业才能获得长足的发展，因为在当今社会“单枪匹马并不会成就一代英雄”。

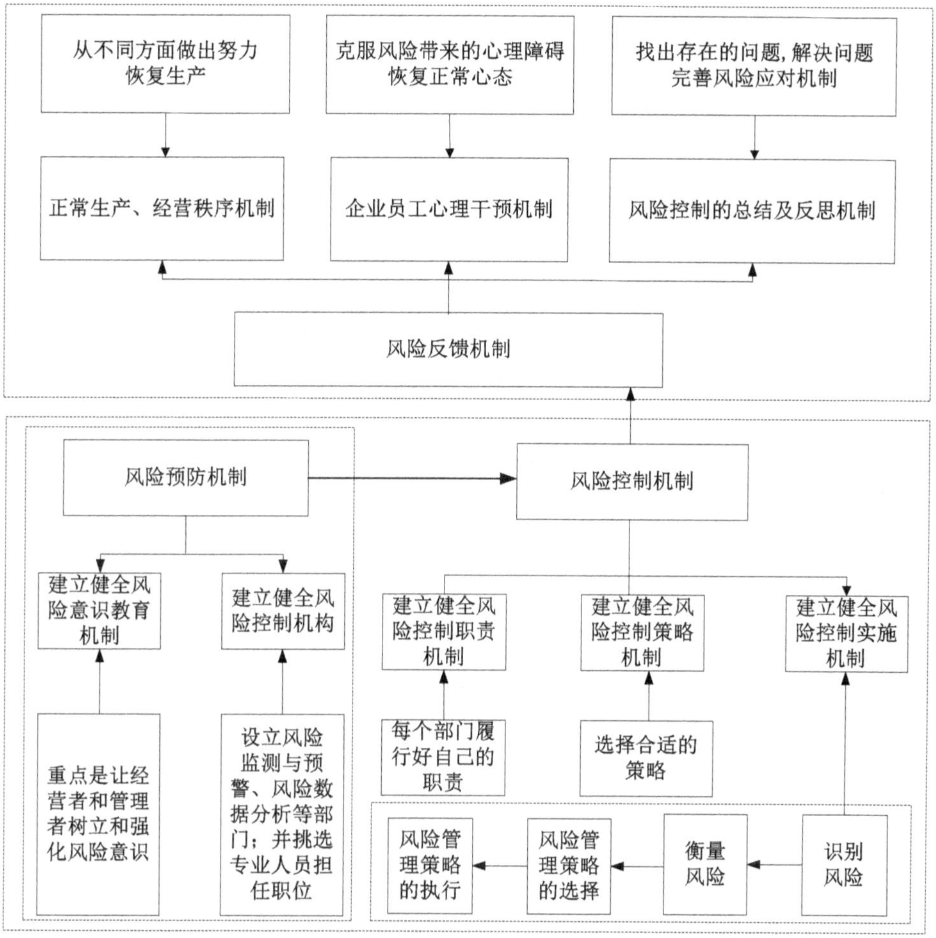

图 7–26　风险机制的构建

通过以上四种机制的建立，可以发现，企业通过构建管理机制可以加强企业本身科学管理水平、促进企业自身资源价值化以及企业间的持续互动，实现企业的长久创新与发展，最终提高企业的绩效；企业通过构建激励机制可以更好地将企业员工有效地引向组织目标，进而激发全体员工的创造性，以提高企业的创新能力与水平，最终实现组织的进一步发展；企业通过构建创新机制可以促进企业的创新实践，进而调整或变革企业传统商业模式，达到企业与顾客的共赢；企业通过构建竞争机制和风险机制可以有效地预防和处理给企业造成伤害的不利事件，进而有助于企业各项决策的科学化和合理化，减少决策的风险、降低风险损失、提高企业的经营管理水平，最终保证企业经营目标的实现。

综上所述，企业通过构建相应的合理机制，可以有效地促进企业本身的创新和发展以及与外界环境的匹配度，同时还可以通过市场环境的变化和竞争对手的战略部署有效地完善企业的组织创新机构，进而形成规范的决策程序和企业管理制度、产权制度，除此之外还可以通过激励机制带动其他的机制创新来保证企业拥有持续不断的创新与发展能力、提高企业的核心竞争力，以求长久持续发展。

第八章　研究不足与展望

本书主要梳理了交易成本理论、资源基础论、动态能力理论、价值链理论、开放式创新理论、组织间关系理论、商业模式创新理论，研究了如何利用外部创新网络促进企业进行商业模式的变革，重点关注了组织忘记与关系学习对外部资源获取的影响，并利用结构方程探讨了不同开放度水平下各变量间的作用效果。

这个研究仍存在一些不足与缺陷之处。首先，在验证企业开放度对模型的调节作用时，只考虑了企业开放程度增大对变量间关系的影响，没有考虑企业开放度临界值是否存在：当开放度过大时，其对商业模式创新的影响是否会存在倒U型关系，对商业模式创新存在负面影响。静态的结构方程模型只能明确变量间的彼此关系。

其次，这个研究将开放度作为一个整体进行实证分析，虽然本书中开放度问卷内容涵盖了开放广度和开放深度的测量内容，但没有分别对开放广度与开放深度的具体作用机理进行验证，开放度对商业模式创新的影响是一个复杂的交互过程，相信若具体分开开放广度与开放深度研究对商业模式创新的影响，其复杂的作用机理将会更加明确。

除此之外，由于本书采用问卷调查法，所得结果往往带有被试者的主观判断，对企业组织忘记、关系学习、开放程度、商业模式创新等情况的判断可能会有偏差，可能会对实证分析结果造成一定的影响。

未来研究可从以下三个方面进行完善：

第一，可以进一步讨论企业开放度临界值是否存在，可用系统动力仿真模拟，验证不同开放度水平对商业模式创新影响的不同变化，增加结构方程模型的普适说服性与解释力，或者再综合运用其他实证方法，完善开放度对商业模式创新影响的相关理论。

第二，可以将开放度细分为开放广度与开放深度二个维度，具体探索其对商业模式创新的作用效果，进一步明确开放度对商业模式创新的作用机理，补充、深化、提升开放式创新理论、商业模式创新理论等。

第三，可以考虑扩大样本数量和产业范围，以便能够更加准确估量企业相关情况，进而得到更精确的数据来源，探究开放度在不同产业背景下对商业模式创新的影响是否相同，并且可以更进一步结合产业特点进行研究，同时扩大不同产业的样本数量，以得到更精确的研究结果。

参考文献

[1] 曹勇，李杨．企业创新开放度的多维性与关联性研究综述[J]．情报杂志，2011, 12: 66-71+47.

[2] 陈劲，董富全．开放式服务创新协同机制研究——以D公司阅读基地为例[J]．科学学研究, 2014, 09: 1390-1395.

[3] 陈劲，蒋子军，陈钰芬．开放式创新视角下企业知识吸收能力影响因素研究[J]．浙江大学学报（人文社会科学版），2011, 05: 71-82.

[4] 陈劲，梁靓，吴航．开放式创新背景下产业集聚与创新绩效关系研究——以中国高技术产业为例[J]．科学学研究, 2013, 04: 623-629+577.

[5] 陈劲，吴波．开放式创新下企业开放度与外部关键资源获取[J]．科研管理，2012, 09: 10-21+106.

[6] 陈勇，蔡宁．关系学习与企业技术创新的实证研究[J]．管理工程学报，2011, 04: 222-226.

[7] 陈勇．关系学习和动态能力对企业技术创新的影响研究[D]．浙江大学，2012.

[8] 陈钰芬，陈劲．开放度对企业技术创新绩效的影响[J]．科学学研究，2008, 02: 419-426.

[9] 方世荣，谢宜君，邓志勇．关系学习、关系记忆与关系绩效关系之研究[J]．管理学报，2008, 3: 269-289.

[10] 高良谋，马文甲．开放式创新：内涵、框架与中国情境[J]．管理世界，

2014, 06: 157-169.

[11] 葛秋萍，辜胜祖. 开放式创新的国内外研究现状及展望[J]. 科研管理，2011, 05: 43-48.

[12] 郭海，沈睿. 如何将创业机会转化为企业绩效—商业模式创新的中介作用及市场环境的调节作用[J]. 经济理论与经济管理, 2014, 03: 70-83.

[13] 韩斌，蒋青云. 关系学习对渠道绩效的影响：基于连续谈判模型[J]. 管理科学, 2014, 01: 55-64.

[14] 简兆权，陈键宏，郑雪云. 网络能力、关系学习对服务创新绩效的影响研究[J]. 管理工程学报, 2014, 03: 91-99.

[15] 李玲. 技术创新网络中企业间依赖、企业开放度对合作绩效的影响[J]. 南开管理评论, 2011, 04: 16-24.

[16] 李贞，杨洪涛. 吸收能力、关系学习及知识整合对企业创新绩效的影响研究—来自科技型中小企业的实证研究[J]. 科研管理, 2012, 01: 79-89.

[17] 李贞. 科技型中小企业知识整合、吸收能力及关系学习对创新绩效的影响研究[D]. 华东理工大学, 2011.

[18] 卢艳秋，赵英鑫，崔月慧，王向阳. 组织忘记与创新绩效：战略柔性的中介作用[J]. 科研管理, 2014, 35（3）：58-65.

[19] 罗珉，李亮宇. 互联网时代的商业模式创新：价值创造视角[J]. 中国工业经济, 2015, 01: 95-107.

[20] 吕一博，蓝清，韩少杰. 开放式创新生态系统的成长基因——基于 iOS、Android 和 Symbian 的多案例研究[J]. 中国工业经济, 2015, 05: 148-160.

[21] 潘安成，于水. 基于组织忘记的企业动态能力成因机理研究[J]. 管理学报, 2009, 05: 648-657.

[22] 潘安成，邹媛春. 组织忘记、组织学习与企业动态能力[J]. 科研管理，2010, 01: 33-37+45.

[23] 阮国祥，毛荐其. 环境变化、组织忘记和新产品开发绩效关系研究：以吸

收能力为调节变量[J]. 科技进步与对策, 2012, 10: 7-10.

[24] 王红丽, 彭正龙, 谷峰, 陆云波. 开放式创新模式下的知识治理绩效实证研究[J]. 科学学研究, 2011, 06: 949-960.

[25] 王睢, 曾涛. 开放式创新: 基于价值创新的认知性框架[J]. 南开管理评论, 2011, 02: 114-125.

[26] 王睢. 开放式创新下的知识治理——基于认知视角的跨案例研究[J]. 南开管理评论, 2009, 03: 45-53.

[27] 王丽平, 赵飞跃. 组织忘记、关系学习、企业开放度与商业模式创新[J]. 科研管理, 2016, 37（3）: 42-50.

[28] 王丽平, 狄凡莉. 创新开放度、组织学习与新创企业绩效的关系研究[J]. 科研管理, 2017.7.

[29] 王丽平, 张晗. 跨组织网络的心理距离、共享心智模式与合作创新绩效—基于价值共创的调节作用[J]. 华东经济管理, 2017, (11).

[30] 王丽平, 褚文倩. 领先优势状态、价值共创与用户创新绩效: 心理授权的调节作用[J]. 中国科技论坛, 2018(03).

[31] 王丽平, 李艳. O2O 商业生态系统的价值共创过程模型与机制[J]. 企业经济, 2018(04)

[32] 王丽平, 何亚蓉. 互补性资源、交互能力与合作创新绩效[J]. 科学学研究, 2016.1

[33] 王丽平, 陈晴晴. 跨界合作行为、外部创新搜寻对创新绩效的影响——战略柔性的调节作用[J]. 科技进步与对策, 2016, (19)

[34] 王鑫鑫, 王宗军. 国外商业模式创新研究综述[J]. 外国经济与管理, 2009, 12: 33-38.

[35] 吴晓波, 姚明明, 吴朝晖, 吴东. 基于价值网络视角的商业模式分类研究: 以现代服务业为例[J]. 浙江大学学报（人文社会科学版）, 2014, 02: 64-77.

[36] 项国鹏, 周鹏杰. 商业模式创新: 国外文献综述及分析框架构建[J]. 商

业研究, 2011, 04: 84-89.

[37] 肖挺, 刘华, 叶芃. 高管团队异质性与商业模式创新绩效关系的实证研究: 以服务行业上市公司为例[J]. 中国软科学, 2013（8）: 125-135.

[38] 闫春. 创新开放度与开放式创新绩效的机理研究[D]. 浙江大学, 2012.

[39] 于开乐, 王铁民. 基于并购的开放式创新对企业自主创新的影响——南汽并购罗孚经验及一般启示[J]. 管理世界, 2008, 04: 150-159+166.

[40] 袁红军, 宁光芳. 关系学习、知识吸收能力与 CDRS 咨询团队知识整合创新绩效研究[J]. 图书馆学研究, 2013, 11: 84-87.

[41] 韵江, 马文甲, 陈丽. 开放度与网络能力对创新绩效的交互影响研究[J]. 科研管理, 2012, 33（7）: 8-15.

[42] 张树娟, 万腾飞. HRM、关系学习及 SCM 对企业创新绩效的影响研究[J]. 哈尔滨商业大学学报（社会科学版）, 2014, 03: 20-28.

[43] 赵晓庆, 徐庆瑞. 技术能力积累途径的螺旋运动过程研究[J]. 科学学研究, 2006, 27（1）: 40-46.

[44] 赵晓庆. 我国企业技术能力提高的外部知识源研究[J]. 科学学研究, 2004, 22（4）: 399-405.

[45] 赵英鑫. 组织忘记、组织再学习对企业创新能力的影响研究[D]. 吉林大学, 2014.

[46] 郑雪云. 网络能力、关系学习对服务创新绩效的影响研究[D]. 华南理工大学, 2011.

[47] 朱朝晖. 基于开放式创新的技术学习协同与机理研究[D]. 浙江大学, 2007.

[48] Akgun A E, Byrne J C, Lynn G S, Keskin H. New product development in turbulent environments: Impact of improvisation unlearning on new product performance[J]. Journal of Engineering and technology Management, 2007, 24(3): 203-230.

[49] Akgun A E, Byrne J C, Lynn G S, Keskin H. Organizational unlearning as changes in beliefs and routines in organizations[J]. Journal of Organizational Change Management, 2007, 20(6): 794-812.

[50] Akgun A E, Lynn G S, Byrne J C. Antecedents and consequences of unlearning in new product development teams[J]. The Journal of Product Innovation Management, 2006, 23(1): 73-78.

[51] Alexander Osterwalder, Yves Pigneu. An ontology for e-business models[J]. Value Creation from E-Business Models, 2004, 65-97.

[52] Amit R, Zott C. Creating Value through Business Model Innovation[J]. MIT Sloan Management Review, 2012, 53(3): 41-49.

[53] Azmi F T. Mapping the learn-unlearn-relearn model Imperatives for strategic management[J]. European Business Review, 2008, 20(3): 240-259.

[54] Baker W E，Sinkula J M. The synergistic effect of market orientation and learning orientation on organizational performance[J]. Journal of the Academy of Marketing Science, 1999, 27(4): 411-427.

[55] Barney J. Firm resources and competitive advantage[J]. Journal of Management, 1991, 17(1): 99-120.

[56] Baron R M, Kenny D A. The Moderator-mediator Variable Dietinctinn in Social Psychological Research: Conceptual, Strategic, and Statistical Considerations[J]. Journal of Personality and Social Psychology, 1986, 51(6): 1173-1182.

[57] Becker K. Facilitating unlearning during implementation of new technology [J]. Journal of Organizational Change Management, 2010, 23(3): 251-268.

[58] Cannon, William, Perreault. The nature of buyer-Seller relationships in Business markets[J]. Journal of Marketing Research, 1999, 36: 439-460.

[59] Casillas J C, Acedo F J, Barbero J L. Learning, unlearning and internationalization : Evidence from the pre-export phase[J]. International Journal of

Information Management, 2010, 30(2): 162-173.

[60] Casillas J C, Moreno A M, Acedo F J, Gallego M A, Ramose. An integrative model of the role of knowledge in the internationalization process[J]. Journal of World Business, 2009, 44(3): 311-322.

[61] Casillsa J C, Acedo F J, BARBERO J L. Learning, unlearning and international isation: Evidence from the pre-export phase[J]. International Journal of Information Management, 2010, 30(2): 162-173.

[62] Cegarra Navarro J G, Dewhurst F W. Linking shared organizational context and relational capital through unlearning: An initial empirical investigation in SMEs[J]. The Learning Organization, 2006, 13(1): 49-62.

[63] Cegarra Navarro J G, Dewhurst F W. Unlearning as a prior step in the creation of intellectual capital in the organizational context: an empirical investigation[C], In 4th European Conference on Knowledge Management，Oxford University, 2003.

[64] Cegarra Navarro J G, Eldridge S, Martinez A. Managing environmental knowledge through unlearning in Spanish hospitality companies[J]. Journal of Environmental Psychology, 2010, 30(2): 249-257.

[65] Cegarra Navarro J G, MOYA B R. Business performance management and unlearning process[J]. Knowledge and Process Management, 2005, 12(3): 161-170.

[66] Cegarra Navarro J G, Sanchez Polo M T. Linking the individual forgetting context customer capital from a seller's perspective[J]. Journal of the Operational Research Society, 2008, 59(12): 1614-1623.

[67] Cegarra-Navarro, Gabriel, Cepeda-Carrion. Linking Unlearning with innovation through Organizational Memory and Tecbnology[J]. Electronic Journal of Knowledge Management, 2010, 8(1): 1-10.

[68] Chen Y S, Lin M J J, Chang C H. The influence of intellectual capital on new

product development performance-the manufacturing companies of Taiwan as an example[J]. Total Quality Management&Business Excellence, 2006, 17(10): 1323-1339.

[69] Chen Y S, Lin M J, Chang C H. The positive effects of relationship learning and absorptive capacity on innovation performance and competitive advantage in industrial markets [J]. Industrial Marketing Management, 2009, 38(2): 152-158.

[70] Cheng C C, Huizingh E K. When is open innovation beneficial? The role of strategic orientation[J]. Journal of Product Innovation Management, 2014, 31(6): 1235-1253.

[71] Chesbrough H, Bogers M. Explicating open innovation: Clarifying an emerging paradigm for understanding innovation[M]. Oxford: Oxford University Press, 2014.

[72] Chesbrough H, Crowther A. Beyond high tech: Early adopters of open innovation in other industries [J]. R&D Management, 2006, 36(3): 229-36.

[73] Chesbrough H, Rosenbloom R S. The role of the business model in capturing value from innovation: Evidence from Xerox Corporation’ s technology spin-off companies, Industrial and Corporate Change, 2002, 11(3): 529-555.

[74] Chesbrough H. Business model innovation: it's not just about technology anymore[J]. Strategy and Leadership, 2007, 35(6): 12-17.

[75] Chesbrough H. Business model innovation: opportunities and barriers[J]. Long Range Planning, 2010, 43(2): 354-363.

[76] Chesbrough H. Open Business Models: How To Thrive In The New Innovation Landscape[M]. Boston, MA: Harvard Business School Press, 2006.

[77] Chesbrough H. Open innovation: The new imperative for creating and profiting from technology [M]. Boston, MA: Harvard Business School Press, 2003.

[78] Chung S A, Singh H, Lee K. Complementarity, status similarity and social

capital as drivers of alliance formation, Strategic Management Journal, 2000, 21(1): 1-22.

[79] Clayton M. Christensen. The innovator's dilemma: When new technologies cause great firms to fail[M]. Boston: Harvard Business School Press, 1997.

[80] Cristiano Antonelli. The Economics of Innovation, New Technologies and Structural Change[M]. New York, Routledge, 2002.

[81] Dahlander L, Gann D M. How open is Innovation[J]. Research Policy, 2010, 39: 699-709.

[82] Day G S. Advantageous alliances [J]. Journal of the Academy of Marketing Science, 1995, 23(4): 297-300.

[83] Day G S. The Capabilities of Market-Driven Organizations [J]. Journal of Marketing, 1994, 58: 37-52.

[84] Deholan P, Phillips N, Lawrence T. Managing organizational forgetting[J]. Sloan Management Review, 2004, 45(2): 45-51.

[85] Deholan P, Phillips N. Remembrance of Things Past? Organizational Forgetting[J]. Management Science. The Dynamics of 2004, 50(11): 1603-1613.

[86] Dodgson M. Organizational learning: A review of some literatures[J]. Organization Studies, 1993, 14(4): 375-394.

[87] Dyer J H, Hatch N W. Using supplier networks to learn faster [J]. MIT sloan Management Review, 2004, 45(3): 57-63.

[88] Dyer J H, Singly H. The relational view: Cooperative strategy and sources of inter organizational competitive advantage[J]. Academy of Management Review, 1998, 10: 660-679.

[89] Edwards J R, Lambert L S. Methods for Integrating Moderation and Mediation: A General Analytical Framework Using Moderated Path Analysis[J]. Psychologic Methods, 2007, 12(1): 1-22.

[90] Faber E, et al. Designing business models for mobile ICT services[R]. 16th Bled Electronic Commerce Transformation Conference, Slovenia, 2003, 6: 9-11, .

[91] Fiol C M, Lyles M A. Organizational learning[J]. Academy of Management Review, 1985, 10(4): 803-813.

[92] Fumio Kodama. Measuring emerging categories of innovation: Modularity and business model[J]. Technological Forecasting&SocialChange, 2004, 71(4): 623-633.

[93] Gardner M Jones. A Problem in Synthesis[J]. The Accounting Review, 1960, 35(4): 619-626.

[94] Gronroos, C. Service Management and Marketing[M]. NY: John Wiley & Sons, 2000.

[95] Hedberg. How organizations learn and unlearn[M]. Oxford: Oxford University Press, 1981.

[96] Huber G P. Organizational Learning: The Contributing Processes and the Literatures [J]. Organization Science, 1991, 2: 88-115.

[97] Johnson J L. The Development of Interfirm Partnering Competence: Platforms for Learning, Learning Activities, and Consequences of Learning[J]. Journal of Business Research, 2003, 56(9): 75-766.

[98] Johnson J L. The Role of Relational Knowledge Stores in Interfirm Partnering [J]. Journal of Marketing, 2004, 68(3): 21-36.

[99] Johnson M W, Christensen C M, Kagermann H. 2008. Reinventing your business model[J]. Harvard Business Review, 2008, 86(12), 50-59.

[100] Knudsen L G. Determinants of Openness in R&D Collaboration-The Roles of Absorptive Capacity and Appropriability[J]. The DRUID-DIME Academy, 2006.

[101] Kogut B, Zander U. Knowledge of the firm, integration capabilities, and the replication of technology [J]. Organization Science, 1992, 3: 383-397.

[102] Kogut B, Zander U. What firms do? Coordination, identity, and learning [J]. Organization Science, 1996, 75: 502-518.

[103] Laursen K, Salter A. Open for innovation: The Role of Openness in Explaining innovation Performance among L K Manufacturing Firms[J]. Strategic Management, Journal, 2006, 27(2): 131-150.

[104] Li Ly. Relationship learning at trade shows: Its antecedents and consequences[J]. Industrial Marketing Management, 2006, 35(2): 166-177.

[105] Linder J, Cantrell S. Changing business models: Surveying the landscape[R]. Accenture Institute for Strategic Change, 2000.

[106] Lindgadt Z, Reeves M, Sulk G, Deimler. Business model innovation-When the game gets tough, change the game[J]. The Boston Consulting Group, 2009, (9): 1-8.

[107] Lukas B A. A theoretical perspective of the antecedents and consequences of organizational learning in marketing channels[J]. Journal of Business Research, 1996, 6(3): 233-244.

[108] Mahadevan B. A framework for business model innovation[R]. IMRC 2004 Conference, Bangalore, India, December 16-18, 2004.

[109] Moonuan C, Miner A S. Organizational improvisation and organizational memory[J]. A cademy of Management Review, 1998, 23(4): 698-23.

[110] Moonuan C, Miner A S. The convergence of planning and execution: Improvisation in new product development[J]. Journal of Marketing, 1998, 62(3): 1-20.

[111] Moore G A. Darwin and the demon: innovating within established enterprises, Harvard Business Review, 2004, 2(7/8): 86-92.

[112] Morris M, Schindehutte M, Allen J. The entrepreneur's business model: Toward a unified perspective[J]. Journal of Business Research, 2003, 58(1): 726-735.

[113] Morten Rask. Internationalization through business model innovation: In search of relevant design dimensions and elements[J]. Journal of International Entrepreneurship, 2014, 12(2): 146-161.

[114] Nevis, Dibella, Gould. Understanding Organizations as Learning Systems[J]. Sloan: Management Review, 1995, 36(4): 73-85

[115] Osterwalder A. The business model ontology-A proposition in a design science approach[D]. Universitéde Lausanne, 2004.

[116] Peter F Drucker. The daily Drucker: 366 Days of Insight and Motivation for Getting the Right Things Done[M]. Harvard Business Press, 2004.

[117] Pohle G, Chapman M. IBM's global CEO report 2006: Business model innovation matters[J]. Strategy and Leadership, 2006, 4(5): 34-40.

[118] Richard E S Boulton, Barry D Libert, Steve M Samek. A Business for the New Economy[J]. The Journal of Business Strategy, 2000, 21(4): 29-35.

[119] Richardson J. The Business Model: An Integrative Framework for Strategy Execution[J]. Strategic Change, 2008, 17(5/6): 133-44.

[120] Roy Rothwell. Industrial innovation and government environmental regulation: Some lessons from the past[J]. Original Research Article Technovation, 1992, 7(12): 447-458.

[121] Roy S, Sivakumar K, Wilkinson I F. Innovation generation in supply chain relationships-a conceptual model and research propositions[J]. Journal of The Academy of Marketing Science, 2004, 32(1): 61-79.

[122] Selnes F, Sallis J. Promoting relationship learning [J]. Journal of Marketing, 2003, 67(3): 80-95.

[123] Selnes F, Sallis J. Relationship learning with key customers[A]. Working Paper, Marketing Science Institute, Cambridge, 1999.

[124] Sherwood, D. "The unlearning organization", Business Strategy Review,

2000, 11(3), 31-40.

[125] Sivadas E, Dwyer F R. A camparison of organizational factors influeneingn based processes[J]. Journal of Marketing, 2000, 64: 31-49.

[126] Sosna M, Nelly R. Thevinyo Rodriguez, Velamuri R. Business model innovation throughtrial-and-error learning-The Naturhouse Case[J]. Long Range Planning 43(2010): 383-407.

[127] Tapscott D, Lowy A, Ticoll D. Digital Capital: Harnessing the Power of Business Webs[M], Harvard Business School Press, Cambridge, 2000.

[128] Teece D J. Business models, business strategy and innovation [J]. Long Range Planning, 2010, 43(2-3): 172-194.

[129] Timmers P. Business models for electronic markets[J]. Journal on Electronic Markets, 1998, 8(2): 3-81.

[130] Tina Saebi. Business Models for open innovation: matching heterogenous open innovation strategies with business model dimensions[J]. European Management Journal, 2014.

[131] Tucker R. 2001. Strategy innovation takes imagination, Journal of Business Strategy, 22(3), 23-27.

[132] Venkatraman N, Henderson J C. Four vectors of business model innovation: Value capture in a network era[A]. in Daniel Pantaleo, and Nirmal Pal (Eds.). From strategy to execution: Turning accelerated global change into opportunity[C]. Berlin: Springer, 2008: 259-280.

[133] Voelpel S, Leidold M, Tekie E. The wheel of business model reinvention: How to reshape your business model leapfrog competitors [J]. Journal of Change Management, 2004, 4(3): 259-276.

[134] Weill，Pand Vitale，M R. Place to space: Migrating to e-business models [M]. MA: Harvard Business School Press, 2001.

[135] Wernerfelt B. A resource-based view of the firm[J]. Strategic Manage

Journal, 1984, 5(2): 171-180.

[136] West J, Gallagher S. Challenges of Open innovation: The Paradox of Firm investment in Open-source Software[J]. R&D Management, 2006, 36(3): 319-331.

[137] Willemstein L, Valk T, Meeus M. Dynamics in business models: An empirical analysis of medical biotechnology firm in the Netherlands [J]. Technovation, 2007, 27(2): 221-232.

[138] Yildiz H E, Fey C F. Compatibility and unlearning in knowledge transfer mergers and acquisitions[J]. Scandinavian Journal of Management, 2010, 26(4): 448-456.

[139] Zott C, Amit R, Massa L. The business model: recent developments and future research[J]. Journal of Management, 2011, 37(4): 1019-1042.

[140] Zott C, Amit R. The Business Model: A Theoretically Anchored Robust Construct for Strategic Analysis [J]. Strategic Organization, 2013, 11(4): 403-411.

附　录

组织忘记、关系学习对商业模式创新的影响调查问卷

尊敬的先生/女士：

您好！这是一份有关商业模式创新的调查问卷，您所提供的信息仅供研究之用。请您根据自身情况就题项描述的内容进行选择，并将选择项填入每题的填写处，希望本次调研能够得到您的大力支持和配合。

对您的支持和配合表示深深的感谢！

一、基本信息

1	您的性别为：	1.男　　　　　　　2.女
2	您的职位为：	1.普通职员 2.基层管理者 3.中层管理者 4.高层管理者
3	您所在企业的年龄为：	1.5 年以下　　2.5-10 年　　3.10 年以上
4	您所在企业的规模为：	1.100 人以下　2.100-500 人　3.500 人以上
5	您所在企业的产权性质为：	1.民营企业　　2.国有企业　　3.合资企业

二、调研内容

序号	问　题	1 到 7 表示从非常不同意到非常同意						
		1	2	3	4	5	6	7
1	组织忘记能够根据外部环境的变化改变新产品的开发程序							
2	组织能够不断更新内部信息共享机制							
3	企业乐意从不同途径获取新技术							

序号	问　题	1 到 7 表示从非常不同意到非常同意						
4	公司会引进和以前公认的经验及技能相冲突的新知识							
5	组织能够不断的优化团队决策流程							
6	伙伴企业与本企业会互相交流产品开发和经营方面的各种经验							
7	当市场需求、消费者偏好和行为发生变化，伙伴企业与本企业会互相交流信息							
8	当市场产业结构发生变化（如合并、并购或联盟），伙伴企业与本企业会相互交流信息。							
9	双方会经常共同商讨并解决所遭遇的问题							
10	双方会经常共同分析讨论重要的战略议题							
11	双方会经常调整对本行业技术发展趋势的看法							
12	双方的合作总能带来许多建设性的讨论与想法							
13	双方会经常面对面的沟通，更新人际网络关系							
14	双方经常会评估并进一步更新存储在数据库中的资料							
15	双方会经常评估和更新彼此间的正式合约							
16	伙伴企业与本企业会互相交流产品开发和经营方面的各种经验							
17	企业的合作伙伴比较多							
18	企业与合作伙伴合作时涉及的合作范围比较大							
19	企业与合作伙伴合作时涉及的资源种类比较多							
20	企业与合作伙伴的交流较为频繁							
21	企业会采取多种方式与合作伙伴进行交流							
22	企业与合作伙伴的交流较为通畅							
23	企业能够为客户提供价值不断提高的产品或服务							
24	企业能够不断吸引大量的、多样化的新客户							
25	企业能够不断引入多样化的供应商、伙伴关系等参与者							
26	企业能够用新颖的方式将各种合作者紧密联系在一起							
27	企业采用了新颖的交易方式							
28	企业能够不断在商业模式中引入新的思想、方法和商品							
29	企业能够不断在商业模式中引入新的运作流程、惯例和规范							
28	企业能够为客户提供价值不断提高的产品或服务							

后　记

互联网时代，一切都是开放的：供给是开放的，需求也是开放的；战略是开放的，平台也是开放的。随着竞争的加剧，企业在依靠内部自我创新的方式，不考虑外部情形的条件下，要雇佣最好的员工和最好的技术人员进行创新，不但成本过高，并且很难适应市场的快速变化。这种自我封闭的创新方式使得企业的边界很明确，已经成为企业发展的障碍。

随着技术更新速度的提升，资本的扩张，员工素养的提升，信息技术的广泛应用，开放式创新战略逐渐成为企业创新的主导模式。企业把外部创意和外部市场化渠道上升到和封闭式创新模式下的内部创意以及内部市场化渠道同样重要的地位，均衡协调内部和外部的资源进行创新，不仅仅把创新的目标寄托在传统的产品经营上，还积极寻找外部的合资、技术特许、委托研究、技术合伙、战略联盟或者风险投资等合适的商业模式来尽快地把创新思想变为现实产品与利润。开放式创新就是企业运用外部资源进行创新的行为，相对于传统的创新方式，开放式创新带来的是整个产业链的碎片化和模块化，即之前的创新由大公司或者大学等科研院所主导，协同是发生在大的单位之间，从科研到产品化的过程是由大公司的不同部门完成。开放式创新则以小公司、个体研究者为主体，每个人负责一块儿，从创意到产品化的整个过程更像是不同研究领域、不同功能的公司像积木一样被拼接在一起，整个过程都是协同的结果。开放式所带来的改变是将传统大企业的各个功能部门打碎，由更为专门的小公司以项目的方式重组。这一趋势从近年来世界五百强的企业中小公司的比重和研发经费的比重日益增加可见一斑。

要做到开放并不是一件容易的事情，这意味着公司内外的界限将会变得越来越模糊。而企业的边界则是由交易成本决定的，人与人在进行交易的时候，有两种可以选择的制度，一种是市场制度，一种是企业制度。在应用市场制度时，人们通过签订契约来进行交易，签订契约所耗费的时间和精力就是市场制度的交易成本；在使用企业制度时，企业家通过自己的经验和直觉对生产要素进行组织生产，因为企业内部没有价格机制，所以企业家并不总是能以最有效率的方式配置资源。这部分损失的效率，就是企业制度的交易成本。这两种交易成本的大小，就决定了采用何种交易制度是最适合的，也决定了企业是应该“更封闭”还是“更开放”。现实中，人们对企业和市场的选择就在这两个极端之间不断游动。

此外，与发达国家中小企业相比，我国中小企业开放式创新以“跟上市场发展”为主动机，市场化目的较为强烈，短期化程度较高，忽视了对创新过程的改进和知识的积累，缺乏长远目标。从内部看，中小企业存在先天不足，人才引进、培养机制不健全，资金链薄弱，物质资源匮乏，产品技术含量需进一步提高；从外部分析，合作伙伴能力不高、需求不匹配，“短平快”项目合作机制也制约了中小企业开放式创新的合作积极性。

开放式创新是各种创新要素互动、整合、协同的动态过程。这要求企业与所有的利益相关者之间建立紧密联系，以实现创新要素在不同企业、个体之间的共享，围绕硬件和软件模式创造商业，构建创新要素整合、共享和创新的网络体系，吸引更多的参与者，使更多的人能够找到漏洞、进行检测、快速地进行应用。

深化开放式创新模式需要从以下三方面入手：一是培育开放式创新企业文化，在企业内部培育开放式创新的价值观，建立从上到下层层递进的创新组织制度，确保开放式创新企业文化的建立；二是培育优质创新伙伴，与现有的合作伙伴深化互信互惠的伙伴同盟关系，发挥协同效应的巨大优势，同时在全球范围内搜寻可能的合作伙伴，建立潜在合作伙伴信息库；三是政府应夯实创新服务平台基础建设，培育与中小企业开放式创新相匹配的研发、信息等服务机构，通过平台服务辅助中小企业在研发创意、产品开发设计、产品生产和市场化阶段进行开放式创新，并进一步完善服务平台管理条例，创新服务流程。

本书的创新之处在于：第一，揭示了组织忘记对商业模式创新的影响机理；第二，揭示了关系学习在组织忘记与商业模式创新之间的中介作用；第三，揭示了企业开放度在关系学习与商业模式创新之间的调节作用，揭示了企业开放度对关系学习中介作用的调节作用。

在本书的撰写过程中，许多学者及专家给予了大量的智力支持，在此深表感谢。作者曾就书中的一些观点与一些专家、知名学者进行过交流，这些专家、学者提出了许多宝贵意见。在本书的编写过程中，我们曾参阅了许多文献，吸取了众多学者的研究成果，很多同志提供了相关的资料和提出了宝贵的意见，并给予了大力支持和帮助，在此，表示衷心的感谢！

由于水平有限，再加上时间紧、任务重，出现不足和错误之处亦在所难免，还望大家批评指正和多提宝贵意见。

王丽平

于天津理工大学管理学院